编委会

跟着爸爸去发现

——智慧爸爸的 12 堂亲子课

沈硕文　沈爱君 ◎编著

ZHEJIANG UNIVERSITY PRESS

浙江大学出版社

·杭州·

图书在版编目（CIP）数据

跟着爸爸去发现：智慧爸爸的12堂亲子课/沈硕文，
沈爱君编著.—杭州：浙江大学出版社，2024.5
　ISBN 978-7-308-24904-1

　Ⅰ.①跟… Ⅱ.①沈… ②沈… Ⅲ.①亲子教育
Ⅳ.①G781

　中国国家版本馆CIP数据核字（2024）第086994号

跟着爸爸去发现——智慧爸爸的 12 堂亲子课

GEN ZHE BABA QU FAXIAN —— ZHIHUI BABA DE 12 TANG QINZI KE

沈硕文　　沈爱君　编著

责任编辑	平　静
责任校对	董齐琪
装帧设计	乐读文化
出版发行	浙江大学出版社
	（杭州市天目山路 148 号　邮政编码 310007）
	（网址：http://www.zjupress.com）
排　　版	杭州乐读文化创意有限公司
印　　刷	杭州钱江彩色印务有限公司
开　　本	787mm×1092mm　　　1/16
印　　张	14
字　　数	180 千
版 印 次	2024 年 5 月第 1 版　2024 年 5 月第 1 次印刷
书　　号	ISBN 978-7-308-24904-1
定　　价	70.00 元

让父爱的力量看得见

父亲是一种独特的存在，对培养孩子有一种特别的力量。一名智慧的父亲，不仅能影响孩子的品行，还能给予孩子掌控未来的能力。

《当幸福来敲门》中的主人公克里斯·加德纳，面对坎坷困顿、风雨兜头的生活，以他的乐观与坚韧，身体力行地教会孩子，只要心中有光，只要够努力，幸福就会来敲门。

电影《美丽人生》中的主多，直到他生命的最后一刻，都始终让儿子坚信，这场与父亲共度的旅途，只有快乐和希望，与恐惧和绝望无关，与生死无关。

"每饭勿忘亲爱永，有生应感国恩宏。"杨振宁的父亲在杨振宁童年时期就察觉到了他的数学天赋，但父亲没有拔苗助长，而是更注重以自己的言传身教给予杨振宁"忠"与"厚"的熏陶，这为杨振宁日后取得辉煌成就奠定了坚实的人文基础。

父爱如山，静默不言。父亲是家庭教育中不可缺失的力量，是孩子个性品质形成的重要源泉，是引领孩子人生方向的重要人物。孩子是否具有坚强、独立、果敢、自信、坚毅、负责等人格品质，与父亲的影响有着极大的关系。但从目前中国家庭教育的现状来看，"丧偶式育儿""隐身父亲"等现象屡见不鲜，诸多新闻杂志也有报道。越来越多的研究表明，长期的"父教缺失"，会让孩子的认知发展、体格发育受阻，易形成软弱、胆小、任性的性格，出现自尊心低、意志力薄弱、缺乏自信等情况。很多研究也证明，父教缺失与青少年问题行为，如暴力、网络成瘾、性问题等之间存在关联。

2018 年开始，嘉兴市实验小学心理健康教育服务团队以"爸爸角色"为特定辅导主体，启动"智慧爸爸课程"。课程分为三大板块。第一板块"爸爸的力量"，通过宣传、学生问卷调查、心理团辅、邀请教育专家分享交流等，让爸爸们充分感受自身在教育孩子中所发挥的力量，进而能从改变自身开始，主动实施亲子教育。第二板块"爸爸的智慧"，以问题为导向，引导爸爸们通过情景再现、头脑风暴、阅读分享等途径剖析家庭教育亲子关系问题的成因，学习更多正向的思考模式和亲子相处的智慧。为此，学校根据不同年段学生的心理特点，分别以"陪伴智慧""引导智慧""成长智慧"为主题，设计了"暖爸课堂""学爸课堂""睿爸课堂"专项辅导课程。在第三板块"爸爸的行动"中，学校广泛收集爸爸学员的育儿心得、亲子活动视频，集中展示爸爸团队的行动成果，鼓励爸爸们保持良好的行动力，不断给予自己与孩子们正向解决问题的力量。

2022 年 1 月，为响应"双减"政策的落地实施和《中华人民共和国家庭教育促进法》的宣传普及，也为了让 5 年来"智慧爸爸"课程实践成果惠及千家万户，嘉兴市实验小学和《南湖晚报》携手推出教育直播专栏"嘉有儿女——智慧爸爸课堂"。该课堂每月一期，每期一个主题，由《南湖晚报》的资深教育记者沈爱君和嘉兴市实验小学心理健康名师、浙江省家庭教育讲师沈硕文担任主持人，并邀请历届"嘉实智慧爸爸"和专家嘉宾走进直播间，通过大约一小时的互动交流，共同探讨科学育儿的"秘诀"。12 期的直播社会反响良好，共计 10 万余人次观看并参与了互动。

《跟着爸爸去发现——智慧爸爸的 12 堂亲子课》一书，以"跟着爸爸去发现快乐""跟着爸爸去收获成长""跟着爸爸去迎接未来"三个篇章，集中呈现了 12 期"嘉有儿女——智慧爸爸课堂"直播栏目的研讨成果。全书生动还原直播课堂的探讨过程，结合主创人员的阐述引导、智慧爸爸的实践案例分享、专家嘉宾的解读引领，全方位解读爸爸作为教育角色的特殊作用，探讨爸爸们面对孩子们成长过程不同问题时的智慧应对方案，是非常有借鉴意义的亲子教育实践经验著作。

我们希望透过此书，让父爱的力量被更多的父母看见。阅读此书，我们可以看见会玩的爸爸是如何做孩子童年的玩伴，真诚地理解孩子的天马行空，欣赏孩子的天真烂漫；我们可以看见善解人意的爸爸是如何以耐心、温暖和善意，让一个叛逆难管的孩子逐渐回归正轨；我们可以看见讲理的爸爸是如何在和善而坚定的氛围中，教会孩子做事做人的道理；我们可以看见"不缺席"

的爸爸是如何重视孩子成长的每一个重要时刻，为他鼓掌，陪他嬉戏玩耍，让孩子感受被爱、被重视；我们还可以看见懂得共情的爸爸是如何蹲下身来倾听孩子的心声，了解孩子的想法，回应孩子的需求，接纳孩子的情绪……

教育是一场漫长的修行，我们坚信父母智慧而完整的参与，能让孩子的未来发展更加全面、健康。

谨以此书，向致力于家庭教育的实践创新者们致敬，也感谢一路携手前行、无私分享育儿经验的嘉实爸爸团！

张晓萍

嘉兴市实验小学党委书记、校长

媒体和教育的双向奔赴
爸爸对教育的智慧引领

这是一场主流媒体和优质教育的双向奔赴，也是一群热心爸爸对家庭教育的智慧引领。我何其有幸，成为其中的主持人和见证人。

2022年1月18日到2023年6月18日，其间除了因为高考和新冠疫情等调整了直播主题外，由我和沈硕文携手众多智慧爸爸共同完成了12期教育直播，成就了一段教育探索和实践的佳话，也诞生了此刻在您手中的这本书。

一

从20世纪末师生共同来稿的"桃李园"教育版面，到2000年以后专为广大中小学生发表作品的"小记者文苑"；从2006年暑假开始的"嘉禾绿荫行动"爱心助学活动，到每年一场的优秀学子报告会；从本地爱心助学，到结对丽水学子；从读嘉APP上的"晚报教育"，到南湖晚报教育直播室"嘉有儿女"正式亮相……

"南湖晚报教育",相伴成长之路。20 多年来,《南湖晚报》见证和陪伴了一批又一批嘉兴孩子的茁壮成长。如今,他们活跃在各自的领域和岗位,偶遇《南湖晚报》的记者时,仍会开心问好,畅谈旧事。

成长需要不断学习,成长需要跟上时代的脚步。这是家长和老师的课题,也是"南湖晚报教育"的任务。2021 年秋季新学期,"双减"政策正式落地。2022 年 1 月 1 日,《中华人民共和国家庭教育促进法》开始施行。这两项关于教育的政策和法规,事关国计民生,涉及千家万户。"南湖晚报教育"作为深受读者欢迎的都市类民生新闻平台,该怎样主动作为?这是我—— 一名从业 22 年的教育记者一直在思考的问题。

经过走访调研,征得嘉兴日报报业集团党委的同意,"南湖晚报教育直播室"于 2022 年 1 月 18 日正式亮相。

"南湖晚报教育直播室"以南湖晚报微信视频号为直播平台,由我负责策划,和嘉兴市实验小学名师沈硕文合作主持,以每月一期的频率,每期时长约一个小时,围绕家长们所关心的难点和痛点,分析原理并给出方法,为教育这一民生新闻领域的重头戏提供更贴合的服务内容。

二

从"各位读者,大家好",到"各位网友,大家好";从直播前一周的"牵肠挂肚",到直播结束时的"长出一口气";从一个中心模糊、框架散乱的选题,到一场主题突出、层次分明的研讨……12 场聊天式的直播,对于我这样的文字记者来说,考验是真切的，变化是清晰的，收获是甜美的。

还记得在 2021 年的 12 月，我和好友硕文多次通电话商量"教育直播"的相关事宜，分析项目的可行性。

优势是很明显的，嘉兴市实验小学是百年名校，是嘉兴优质教育资源的代表，硕文有很优秀的课程和团队；《南湖晚报》是伴随着很多嘉兴孩子成长的都市主流媒体，作为从业 20 多年的教育记者，我既熟悉这些年来教育政策的不断改进和升级，也了解教育领域的痛点和难点。

但考验也真真切切地摆在面前：《南湖晚报》作为传统纸媒，新组建的视频团队人手紧张，要服务晚报的众多条线和领域；我是文字记者，写文章不怕，但面对镜头当直播主持，尤其是要照顾到硕文和其他两位嘉宾的感受，四人合作完成一个小时的直播，既没有经验，也没有底气。

硕文是一个有着强大推动力和执行力的搭档。2022 年 1 月 2 日的午后，硕文约了七位智慧爸爸，组织了一场瓜子和清茶相伴的小型会议，让直播有了一些眉目——在风格迥异的聊天过程中，我看到了智慧爸爸们各自的闪光点和"智慧内核"，心里有了一些主题框架和方向。

在晚报领导和同事的支持下，第一场直播——"'双减'后的首个寒假怎么过"，就在 2022 年的 1 月 18 日晚上 7 点，通过南湖晚报视频号正式开始了。

首场直播在报社三楼的一间小会议室里举行。会议桌上放着直播嘉宾、嘉兴市实验小学副校长、嘉兴市小学科学名师李张宇带来的假日科技小实验的演示器材。没有想过直播背景，没有考虑直播桌面、电脑提词，我的手上只有一份电脑打印的直播主持框架……

一个多小时的直播，6000 多人次的观看，6 万多人次点赞，为南湖晚报视频号涨粉 600 多人……新媒体同事小丁把后台数据报给我。当我还在为"六六顺"的数字而高兴时，小丁又帮我作了分析："视频号的观看人数是按照 IP 来计算的，同一个 IP 不管进出直播间多少次，都只算一个人次。你们就是四个人纯聊天的教育直播，不卖货，不抽奖，所以 6000 多人次是非常好的成绩了。"

虽然传媒已经进入融媒时代，传统记者的转型也已成为时代的要求，但作为一名传统纸媒的文字记者，我的日常工作仍然是以新闻采访和文字报道为主，且非常忙碌，每月一场的直播不是我工作业绩的"硬任务"和"铁指标"，尤其对于一名距离退休已经不远的 70 后老记者来说，"这么辛苦图什么"，很多朋友曾这样善意地打趣。

三

图什么？图进步。

在思想上进步，和教育领域的名师同行，与智慧爸爸们为友，才能始终了解教育的变化和温度；在技术上进步，新闻记者贵在"新"字，多掌握新技术，多熟悉新平台，才能始终有新活力，有新受众。

于是，我们的教育直播，在 2022 年 3 月，亮出了"捕捉教育热点，直面育儿困惑，定制可行方法"的服务理念；有了自己的直播专栏名字"嘉有儿女",既取多年前的热门电视剧《家有儿女》的谐音,也把"嘉兴"的"嘉"字,把"嘉兴千家万户的家庭教育"蕴含其中;在2022年4月,有了自己的演播室和背景墙,以及固定的直播桌面风格……

外企中层,学科名师,机关干部,大学教授,企业老总……智慧爸爸们从事的工作各不相同,但走进直播室后的表现却很相近:自信幽默,侃侃而谈,说起自己家的宝贝,两眼放光。

还记得每次直播前,多位智慧爸爸在我的新媒体同事用手势提示即将切入直播镜头时,低声和我们说一句:有点紧张怎么办?我和硕文常常报之一笑,因为我们知道,直播开始3分钟以后,他们会聊得刹不住车。这就是每期直播原定1个小时但常常会延长到80分钟甚至90分钟的原因。

直播专栏"嘉有儿女"受到了家长们的广泛好评。

嘉兴市实验小学西校区401班金宸逸的爸爸说:"因为工作忙,平时陪伴孩子的时间比较少,有时只看重结果而忽视过程。看了今天的视频,我觉得更重要的是陪伴孩子的过程,而不是做作业的结果。"406班姚页彤的爸爸说:"看了晚报直播室两位爸爸的分享,我觉得自己对孩子成长路上的陪伴非常欠缺。我们应该和孩子一起学习,一起进步。以后我会多抽出时间陪伴孩子。"

嘉兴市实验小学东校区401班李钱诚的爸爸说:"孩子的教育是一项复杂、长期的工程,在这个过程中,孩子、家长、学校分饰不同的角色。作为一名爸爸,不得不承认在平时家庭教育中的分担要少于妈妈,晚报的直播给爸爸们提供了一个很好的学习平台，补齐了我们家庭教育中的短板。"402 班钟康怡、206 班钟康悦爸爸说："看了今晚的直播感触很多，其中一点尤其深，那就是得找到和孩子沟通的一个共同的'频道'，可以是运动也可以是其他活动。"

2022 年 10 月的"嘉有儿女"又推出了新举措：作为观看直播和积极学习的礼物，晚报邀请部分家长参加线下家庭教育沙龙，一方面聆听更多家长的心声和需求，另外一方面也从中选拔优秀家长作为之后的嘉宾，亮相直播室。

12 场直播，让我结识了一大批智慧爸爸，不仅拓宽了我的视野，也让南湖晚报视频号涨粉近万，还催生了由我主理的教育专属视频号"晚报爱君嘉有儿女"。我通过这个视频号，对其中的一些智慧爸爸进行了家庭教育热点话题的微访谈，制作成"与君说"等短视频专栏，同样受到欢迎，半年内超过 5000 人订阅。

没有一段行程会是浪费，没有一滴汗水会被辜负，与智慧爸爸们同行的旅程，美好，温暖，我将一生珍惜和铭记。

感谢嘉兴市实验小学，感谢我的好搭档硕文，感谢各位智慧爸爸，也感谢关心支持我的各位朋友！未来路上，我们继续同行。

沈爱君

目录

第一篇章　跟着爸爸去发现快乐

第一课　看科学怎样助力"双减"...003

第二课　看运动怎样改造孩子大脑...020

第三课　看阅读怎样助力孩子的写作与人生...034

第四课　看爸爸怎样带孩子发现"快乐密码"...048

第二篇章　跟着爸爸去收获成长

第五课　看爸爸怎样走进孩子内心...065

第六课　看爸爸怎样帮孩子将心动变行动...081

第七课　看多子女爸爸怎样为亲情赋能...102

第八课　看爸爸怎样教孩子驾驶友谊的小船...118

第三篇章　跟着爸爸去迎接未来

第九课　看爸爸怎样培养孩子财商...139

第十课　看爸爸怎样提升孩子逆商...155

第十一课　看爸爸怎样激发孩子自信...169

第十二课　看爸爸怎样引导孩子把握当下...186

后记　坚持点亮成功　快乐拥抱未来...202

第一篇章

跟着爸爸去发现快乐

每一个孩子都有一双善于发现的眼睛，发现快乐亦是孩子们的一大乐趣。对于孩子而言，何为快乐，怎么去发现快乐？智慧爸爸们可谓"八仙过海，各显神通"，很好地解答了"何为快乐，怎么带孩子去发现快乐"这个问题。有运动带来的快乐，有阅读与写作的快乐，有发现"快乐密码"之乐，也有自主安排假期生活的快乐……

　　想知道智慧爸爸们是怎么发现"快乐密码"的吗？去一探究竟吧！

看科学怎样
助力"双减"

爸爸简介

张建芳（张爸）　　教育工作者　　家有一儿

李张宇（李爸）　　科学名师　　　家有一女

**导语**

　　"假期里，没有了课外培训班，孩子的时间该怎么安排？整天玩吗？""孩子光顾着玩乐，中考、高考咋办？""孩子有了'减负'理由，放假后，学习不自律、生活无规律，怎么管？""我家的孩子不补课了，会不会不如'别人家的孩子'？"

　　伴随着"双减"政策的落地和《中华人民共和国家庭教育促进法》（以下简称《家庭教育促进法》）的正式实施，2022 年的寒假有点不同寻常，从前那种假期里学生忙碌于各种培训班的模式被按下了暂停键。寒暑假，既可能有亲子关系爆发冲突的"危险"，也可以是增进感情的"机会"。"双减"后的第一个寒假，就特别受人瞩目了。

智慧论坛

　　爱君：孩子们完成了整个学期的在校学习任务，即将迎来温馨快乐的寒假生活。"南湖晚报教育直播室"也选择在今天正式亮相。在 2022 年推出直播室，有一个重要原因，那就是今年 1 月正式开始实施的《家庭教育促进法》。我们想一起探讨和实践家庭教育最有效、最科学的办法。我们邀请到了强大的后援力量，就是嘉兴市实验小学的"智慧爸爸"团队和他们的指导老师。

一位是嘉兴教育学院义务教育处处长张建芳老师。

一位是嘉兴市实验小学副校长、"智慧爸爸"团队成员李张宇老师。

一位是"智慧爸爸"课堂的指导老师，也是浙江省家庭教育讲师团成员沈硕文老师。

今天的话题要从今年1月1日正式实施的《家庭教育促进法》说起。我想先请教张爸：中国有句古话，"养不教，父之过"。但真正将家庭教育以法律来要求的，这是不是第一次？这个法律的出台有怎样的背景和意义？

张爸：《家庭教育促进法》2022年1月1日起正式实施，这是我国第一部关于家庭教育的法律。我认为这个法律出台的背景和意义在于：

第一，标志着家庭教育从"家事"正式上升为"国事"。 古人云："家事国事天下事，事事关心。"教育关乎国计民生。该法的颁布，意味着从国家意识层面对家庭教育提出了新要求、新任务。比如，要求家长培养未成年人树立维护国家统一的观念，铸牢中华民族共同体意识，培养家国情怀；培养未成年人拥有良好社会公德、家庭美德、个人品德意识和法治意识；关注未成年人的心理健康，教导其珍爱生命等。

第二，意味着我们家长必须"依法带娃"。 该法从法律层面进一步明确了家庭教育的责任主体，明确未成年人的父母或监护人负责实施家庭教育。每位家长应当树立家庭是孩子的第一个课堂、家长是孩子的第一任老师的责任意识，承担对未成年人实施家庭教育的主体责任，用正确的思想、方法和行为教育未成年人，促使其养成良好的思想、品行和习惯。

第三，国家和社会要为家庭教育提供支持、指导和服务。 今天"南湖晚报教育直播室"首播，充分体现了"晚报人"的教育担当和责任，体现了"学校—家庭—社会"相互协同，通过"报刊＋互联网"新媒体在线方式宣传正确的家庭教育知识，传播科学的家庭教育理念和方法，营造重视家庭教育的良好社会氛围，也为我们提供了家庭教育的新方法和新思路。

爱君：感谢张爸帮我们理清了思路。这也让我们很受鼓舞。刚才我说到我们有一支强大的后援团，就是嘉兴市实验小学"智慧爸爸"课堂的优秀学员。现在请硕文老师先介绍一下"智慧爸爸"课堂，或者分享一个有趣的小故事，让大家能够从中看到智慧爸爸们的素养和学习成果。

硕文：这一课堂的设计灵感来源于我的学生。有一次，我们开展以"亲子关系"为主题的团辅课，说到爸爸时，学生们纷纷吐槽：爸爸工作忙，不是拿着手机就是对着电脑，很少管我；爸爸对我很粗暴，经常打我、骂我……说着说着，不少学生眼泪都流出来了。为了稳定学生们的情绪，我就说了一句："如果你们的爸爸能来上课，听听你们的心声，说不定就会有转变……"没想到，一下课，学生们就把我团团围住，问我什么时候可以给自己的爸爸上课。就这样，在学生们的期盼中，"智慧爸爸"课堂在 2018 年正式开启。

这几年，我带领我校"快乐心"家庭教育辅导队，针对当前父亲教育角色缺位，教育理念意识、方式方法存在的不足，设计了一系列亲子心理辅导活动。我们的"智慧爸爸"课堂，突出"分段实施、主题突出、多维同步"的理念，每年以"一届三季"的形式，分别围绕"爸爸的力量""爸爸的智慧""爸爸的行动"三个阶段主题，通过辅导活动、自我学习、生活实践同步，指导爸爸们改善亲子教育方法，提高新形势下的家庭教育能力，也拓展了家校合作的新途径。

张爸：父亲是一种独特的存在，对培养孩子有一种特别的力量。在中国的传统观念里，我们通常认为"男主外，女主内"，但事实上，父亲在家庭教育中起着至关重要的作用。

目前，我国社会经济迅速发展，职业竞争也愈加激烈。由于父亲们忙于社会竞争，还有父母离婚等诸多原因，产生了在子女教育中"父亲缺位"的现象。如果一个孩子调皮捣蛋、打架生事甚至走上歧路，别人会说"这个孩子没家教，因为有其父必有其子"。我认为，孩子就像是父亲的复印件，孩子和父亲的关系是否和谐，会影响孩子未来是否有成就。父亲可以更好地帮助孩子建立规则、树立理想、形成价值观等，让孩子坚强、勇敢、负责和有担当。

爱君：硕文，你这个课堂是怎样构架的？

硕文："智慧爸爸"课堂创设了专项辅导课程：低年级段实施"暖爸"课堂，开设幼小衔接、亲子阅读、自信培养、生命教育四个方面的课程；中年级段实施"学爸"课堂，开设时间管理、情绪调节、劳动教育、亲子运动四个方面的课程；高年级段实施"睿爸"课堂，开设人际交往、网络引导、青春心理、学习探究四个方面的课程。同时，动态开展行动效果评估，收集爸爸学员的育儿心得、亲子活动视频，集中展示前一阶段爸爸团队的行动成果，鼓励爸爸学员保持良好的行动力，并给予自己与孩子们正向解决问题的力量，共同创造乐观、阳光、温和的学习成长环境。

爱君：我觉得寒假和暑假还是有些不同的。因为暑假时间长，父母要上班，每天和孩子相处的时间也不算多，考验孩子的可能是独立生活、"小鬼当家"的能力；而寒假呢，假期时间短，中间又有春节长假，父母与孩子朝夕相处的时间多,"相看两不厌"可能有点难。

所以我想先问硕文,根据你的了解和分析,每到寒假,小学阶段的孩子一般会出现哪些可能让家长头疼的问题?

硕文:家长头疼的问题基本集中在如何更好、更规范地应对孩子对电子产品的使用,因为孩子过度使用电子产品导致的作息时间不规律,不仅会破坏孩子的学习专注力,还会破坏孩子与周围人的关系。

爱君:请李爸说说这个电子产品的困扰。

李爸:电子产品对孩子主要有四个方面的影响。

影响孩子视力。我们身边的孩子们,戴眼镜的越来越多。这是因为儿童和青少年时期的孩子身体没有发育成熟,眼睛晶状体还未定型,长时间、近距离观看平面内容,是儿童青少年近视的主要成因。相较于以前,孩子们的用眼行为与用眼环境也发生了明显的改变,主要表现为电子产品使用增多、低龄触网严重、观看短视频用眼时长增加等,对视力影响非常大。

影响孩子脑部发育。长期使用电子产品,还会破坏孩子大脑发育的正常节奏和结构。网络上的信息铺天盖地,孩子没有意识更没有能力去区分信息的好坏,难以获取并学习正确的信息。此外,对于孩子来说,过度用眼、长时间玩电子产品,会让他们习惯于强烈的声音和视觉刺激,进而对普通的看书、听课等学习行为难以集中注意力,甚至造成部分孩子的多动症和注意力缺失。

影响孩子学习生活。电子游戏对孩子的吸引力极大,会让孩子的神经长期处于紧张的状态,孩子就会只想着玩游戏而忘记吃饭、学习,从而影响正常的生活和学习。

影响孩子沟通交流。孩子整天抱着手机玩,减少了与他人接触的机会，尤其是缺少了传统的和伙伴之间互动的游戏，从而也就缺少了接触真实的世界、提高社交能力的机会。经常沉迷于电子产品会让孩子变得孤单、冷漠，不知道在现实中怎么样与人交往。

硕文：对电子产品形成依赖是一个日积月累的过程，家长要提高警惕，防患于未然。孩子放寒假后，不少父母为了方便和孩子沟通，往往会给孩子配置电话手表或者手机等，那么什么时候用、怎么使用，就会成为家长和孩子之间的矛盾。

有小部分家长为了方便省事，会以玩手机游戏的时间为条件跟孩子交换投入学习的时间。这样孩子一旦有"瘾"了，把握不好"度"，亲子矛盾就会激化。

也有这样一部分家长，以"为孩子好"为理由，各种事情都帮孩子安排好，想要"控制"孩子。从早到晚把学习安排得满满当当，孩子顺从了，就是被家长控制了；不顺从，就产生了冲突。孩子"厌学"和家长"督学"之间就形成了矛盾，给了电子产品、电子游戏乘虚而入的机会。

我曾经给学生上过一堂心理课"手机里的'隐'和'瘾'"。在课堂上，我针对一位母亲的求助"孩子躲在被窝里玩手机怎么办"，引导学生分组辩论——支持或反对家长严格规定孩子使用手机的时间。孩子们结合自身经历，有招出招，谈时间控制的成功经验。通过"以辩促思、以辩促变"，鼓励学生多角度审视手机问题，从而真正内化为孩子手机使用的自控能力。

李爸：为了孩子身心的健康成长，学校需要提出合理倡导——学生均不能携带个人智能手机、平板电脑等电子产品进入校园。在校期间，家长有特殊情况需要找学生，可通过班主任或任课教师取得联系。家长务必了解孩子智能手机的开机密码、各种社交软件账号密码，并能有效监督和严格控制孩子使用。家长们以身作则，言传身教，科学合理地使用手机，给孩子树立一个良好的榜样；同时积极关注孩子的身心健康，防止孩子因为情感缺失等而沉迷于网络和游戏。

爱君：前面我们谈了小学阶段的情况，关于初中阶段的情况，张爸感觉怎么样？

张爸：近日教育部印发通知，部署各地教育部门认真做好寒假期间"双减"工作。寒假来临，孩子"宅家"时间更长，家长被"双减"和寒假点燃的焦虑也随之到来，亲子矛盾凸显。

亲子矛盾其实从小学中高年级开始出现，到初中更是明显，其原因主要还是"青春期"遭遇"更年期"。初中生家庭产生的特有问题不仅是由于孩子自身的心理变化导致的，也与家长的变化以及家庭的整体需求有很大关系。

从初中生的角度来讲：人体生长发育带来的青春期的骚动与困惑，表现为心理成熟性和幼稚性统一、向上与盲目性统一、独立与依赖统一，人生迎来第一个转折关键期，又面对升学竞争压力……

从初中生家长的角度来讲，大部分初中生的家长已进入中年，正遭遇来自生理、工作、婚姻、子女教育和社会支持等多方面的困境。比如，在工作方面，受到来自年轻后辈突飞猛进的压力；在婚姻方面，夫妻关系趋于平淡；在社会层面，获得的社会关注和支持较少，更容易陷入独自应对和解决问题且孤立无援的处境……这些现象被人们称为"中年危机"。初中生的家庭教育也不可避免地会受到这些"中年危机"的干扰或影响。亲子矛盾的主要诱因一个是中年焦虑、一个是青春叛逆。家长由于焦虑而想要控制孩子，然后一定程度上等于失去控制。家长想控制孩子，有以下两种原因。

原因之一：来源于彼此的思想分歧。 家长为什么非要孩子与你保持思想一致呢？你的年龄、受教育程度、思想成熟度等都和孩子不同，却要求孩子与你保持思想一致，那不是"胡思乱想"吗？孩子通过母体来到世上，但他并不是父母的附属品，而是一个独立的个体，就像母公司和子公司一样，有关系但又相互独立。

原因之二：来源于彼此的语言或感知冲突。 冲突，是一个被对方感知的、对立的、互不相容的力量或性质的相互干扰。家长用成人的语言、感知和判断来攻击孩子的语言、感知和判断，以达到让孩子服从的目的，这本身是不平等的。

总之，家长习惯于以成人的思维来攻击儿童的思维。思维本身就是一种矛盾，而矛盾是一种相互影响的对立的特殊关系状态。遇到问题不是问题，如何解决问题才是问题。如何与孩子在分歧与冲突中平衡、合作，成为家长面临的新问题。我们一定要找到引发亲子矛盾的原因，并加以分析，采取针对性措施。

贴心建议

爱君： 我们三位嘉宾说的情况，可能很多家长感同身受。

想想确实都不容易：好不容易有个长假，谁不想彻底放松呢？但过于放松确实对孩子的健康、成长都有害，所以我们还是要积极主动地应对。

我们常说要和孩子讲道理，要让他们心服口服。我们先请硕文给家长们传授一些让孩子心服口服的好办法。

硕文： 我想把这八字箴言送给家长们：爱的规则、爱的行动。

爱的规则

不向个人屈服，只向道理致敬。只要家长说得在理，即使孩子当时有情绪，调节好情绪后就会认同。同样的，只要孩子有道理，家长也一样会认同并听取孩子的建议。只要这个"规则"是平等的，是有温度的，是全家共同执行的，孩子就能从内心深处接受。

爱的行动

"家长对孩子说什么很重要，但孩子看家长做什么更重要。"如果家长要求孩子不要玩手机，自己却整天抱着手机，哪怕你解释说是工作需要，孩子内心也是不服的。

我对小学高年级 600 多名学生做了抽样调查，在大部分学生无法拒绝手机诱惑时，有 7% 的孩子对手机不感兴趣。访谈了这小部分学生，发现这 7% 孩子背后的家长各有各的高招。

比如，有一位同学的父母经常陪着他开展亲子阅读和亲子运动。每年举办家庭阅读大赛，设计"阅读存折"，每天记录阅读时间和阅读内容。孩子在读书和运动中得到了无限乐趣，自然对手机就没有热衷度了。有的父母还会支持孩子的爱好、梦想，帮助孩子去结交"高人"。"高人"分两种：一种是身边的优秀学子、能工巧匠、专业领域的人才；还有一种是历史上的伟人、书本传记中的名人。不论是怎样的"高人"，一旦成为孩子学习的榜样，孩子就会产生内驱力，会自动模仿，积极行动起来。

爱君：好的，记住了：爱的规则，爱的行动，和"高人"做朋友。那么初中阶段的情况会有不同吗？我觉得和初中孩子讲道理可能要比和小学孩子讲道理难一些。请张爸给初中生的家长们提点"缓解假期亲子矛盾"的建议和办法好吗？

张爸：就"缓解假期亲子矛盾"，我想向初中生的家长们提以下几个方面的建议。

建议一：不要对孩子的假期过度焦虑。

家长们常常会将自己对孩子的焦虑施加到孩子身上，以逼迫他们学习的方式来缓解焦虑。家长要学会做"热水瓶"，要理性看待孩子的考试成绩。家长对失败的接纳能保护孩子的学习兴趣，激发孩子的学习动力。父母的温暖和理解能抚慰孩子挫败的情绪。时刻反思我们管教行为的最终目的，不要在一味的批评中迷失，不要让批评最终变成发泄自己怒气的方式。

建议二：要学会处理和孩子之间的冲突。

当和孩子发生矛盾时，学会"退一步，缓一缓"，态度温和地处理问题，切忌激化矛盾。家长在和孩子沟通时，首先要保证控制好自己的情绪，把握"先平静，再沟通"的原则。其次要避免扮演"警察"的角色，时刻提醒自己：家长不是"警察"，孩子也不是"小偷"。

建议三：以身作则给孩子做榜样。

家长应尽可能空出时间帮助孩子一起做规划。在孩子学习的时候，家长要么在一旁好好工作，要么在一旁指导孩子学习。良好的工作、学习氛围可以让孩子更加专注地完成一件事，促成更高效率的学习。

建议四：少讲道理多去引导。

我们的人生中不缺听到各种各样的道理，却很少有人能够被真正倾听和理解。过多地和孩子讲道理，只会导致无效沟通。更多的应该是引导孩子，用情感与孩子共情，让他们自己去感悟、去理解、去知道自己的目标，知道自己为什么而努力，从而建立起属于他们自己的一套完善的"三观"。

建议五：与孩子平等相处和沟通，但要有坚定的态度，坚持执行的力度。

很多父母在和孩子交流的时候，往往会保持一个高姿态，对孩子发号施令，而忽略倾听他们的想法；发生冲突、矛盾的时候，只会自顾自地批评孩子。这样解决不了问题。我们要做到的，是允许孩子充分表达自己，了解孩子真实的想法后给出合理的意见和解决措施，进行有效沟通。

爱君：现在我们对小学生和初中生家长的建议和提醒都有了。我发现一个问题，就是我们刚才聊的好像都是从家长层面来进行的，还没从孩子的角度出发，来引导他们做一些有益身心、举家同乐的事。

我想，这方面李爸非常有发言权，因为他是科学名师，做科学实验是孩子们很喜欢的学习方式。我们请李爸给孩子们介绍几个适合在寒假做的科学实验，好吗？

李爸：我首先带来了一个适合小学低段孩子和父母亲子互动的科学实验——**牛奶动画**。

小学低段实验：牛奶动画

实验材料：色素、滴管、纯牛奶、洗洁精、白色圆盘。

实验步骤：

（1）盘中倒入纯牛奶（没过盘底即可）。

（2）向牛奶里滴入 5 到 10 滴色素（单色或多色）。

（3）用滴管吸取洗洁精，滴入色素中央，盘中即可形成"壮观"的牛奶动画。

科学原理：洗洁精含表面活性剂，可破坏液体的表面张力，被扰动的牛奶带动色素翻滚运动，进而绘制出美丽的图案。

实验过程中，家长可以引导孩子仔细观察，并尝试描述看到的现象。因为变化很快，这很考验孩子的专注度。结合科学原理的讲解，让孩子认识到科学就在身边。

还有一个非常有趣的实验——弹跳的泡泡。

小学低段实验：弹跳的泡泡

实验材料：水、洗洁精、杯子、胶水、吸管、棉纱手套。

实验步骤：

（1）首先，按照3∶1的比例，在杯子中倒入水和洗洁精，搅拌均匀。

（2）然后，加入适量胶水继续搅拌。加胶水的量以刚好能用吸管吹出较大的泡泡为宜。同学们可以探索一下。这样混合泡泡液就制成了。

（3）接下来，试试用吸管吹出泡泡来，先用手接住泡泡，泡泡一下子就破了。

（4）最后，戴上棉纱手套再来试一试，泡泡在手上可以蹦蹦跳跳了。

科学原理：水分蒸发后的泡泡易爆，加入胶水后，泡泡的水分不易蒸发、不易破。此外，由于棉纱手套上有很多细毛，粘附性比较强，弹性很足，于是泡泡就能在我们的手背上蹦跳了。

亲子互动不仅有趣味，更有思考。让孩子爱上科学，远离电子产品。

爱君：因为我们现在都是网民，我们的孩子被称为"网络原住民"，他们在生活中遇到的问题很多时候都被网络和机器解决了，能自己动手探索的机会其实不多。所以李爸介绍的科学实验特别好。李爸能给小学高段的孩子也介绍几个实验吗？

李爸：科学从生活中来，我们拿家中厨房里的一些材料就能做科学小实验。

小学高段实验：爱变色的紫甘蓝

实验材料：紫甘蓝、水、小苏打、白醋、杯子。

实验步骤：

（1）将紫甘蓝榨汁后，倒入 3 个杯子中备用。

（2）将清水与小苏打混合搅拌均匀，制作成小苏打水。

（3）在 3 个杯子中分别倒入清水、白醋、小苏打水，观察每个杯子里液体颜色的变化。

科学原理：紫甘蓝中含有花青素。花青素为一种水溶性的植物色素，它的颜色因酸碱度不同而改变，遇酸性变红，遇碱性变蓝，在中性液体中则显紫色。

自我挑战：尝试调制出更多的颜色来，比如用柠檬水、洗衣粉水、糖水等，并做出科学解释。

对于高年级孩子，不仅要让他进行科学探究，更要激发他的深度思维，在质疑和挑战中迁移学习。

爱君：真是很有趣又很容易上手的实验。现在我们都在说"五育并举"，五育就是德智体美劳。寒假里，劳育怎么做？李爸能否说说？

李爸：针对不同年级的孩子，我们可以结合寒假实践作业做做科学实验，动手又动脑。例如——

> 一年级：我是家庭服务小能手，我是垃圾分类小能手，气球摩擦静电实验。
>
> 二年级：手工台历 DIY，明信片 DIY。
>
> 三年级：开开心心迎新年，我和动物交朋友。
>
> 四年级：春节装饰大行动，我和植物交朋友。
>
> 五年级：社区——我们共同的家，春节"食俗"我研究。
>
> 六年级："春节"系列——我喜欢的春节习俗，春节我来显身手，我是家庭理财师等。"我爱我的家乡"系列——了解家乡的名胜，了解即将消逝的农具，了解家乡的特产，运河文化知多少。

硕文：培养孩子的劳动生活技能，寒假是绝佳时机。我们家长有更多时间去教孩子做一道拿手菜，与孩子一起大扫除，一起布置新春场景，一起添加"家庭功能区"。这些都能提高孩子的生活技能。

孩子在学习生活技能的同时，不仅能体会到父母的辛苦，懂得体谅父母、孝顺父母，还能丰富生活知识，提高综合学习能力，提升自信心和责任感。

爱君：小学阶段的讲得很清楚了，那初中阶段的孩子怎么做？张爸也给点建议好吗？

张爸：寒假是实施家庭教育的好时机，也是我们查漏补缺的好时机。我对初中学生的建议有以下几点：

在寒假期间坚持规律作息，保持良好的学习习惯。爱玩是天性，但放寒假不等于放任自流。良好的生活习惯是良好的学习习惯的基础。如果一个寒假都在睡懒觉，拿着一部手机整天玩游戏或看动画片，而不做作业，那么一个学期的知识就可能忘得"一干二净"；并且由于假期生活作息不规律，开学后容易出现上课精神不集中、思想不集中，一时适应不了紧张的学习生活的现象。

针对自己的特点和学习实际情况，制订一份切实可靠的寒假计划。每一个人喜好不同，特质各异，成长的需求和轨迹也天差地别，因此，我们一定要针对自己的实际情况制订假期计划。比如，要根据自己的优势和不足来制订假期计划。在制订计划之前，要对自己有个评估，看看自己有哪些成长中的优势是值得发扬的，有哪些成长目标是要在假期达到的。寒假计划要科学合理。又比如，早饭前，利用最适合记忆的这段时间背诵课文或进行英文早读以增强记忆力。早饭后这段时间是一天中耐力最好的时候，适合理科类知识学习。中午这段时间不宜高强度学习，可以听听音乐放松一下，让身心愉悦。中午午睡后，下午相对活力满满，这段时间适合做一些头脑风暴。晚饭前，大脑累了，换个方式，进行一些运动或家务劳动。晚饭后，可以和爸爸妈妈一起散步或一起看看新闻、体育比赛，进行交流与沟通。回来后可以做试卷、整理及复习错题等，回顾一天学的知识，进行知识巩固等。

完成寒假作业的同时，还要进行复习与整理。寒暑假是我们个人加速的好契机。俗话说：不怕同桌是学霸，就怕学霸放寒暑假！对于学霸们来说，假期并不是用来休闲娱乐的。学霸们的假期从来都不轻松。对大部分的初中生来说，寒假是查漏补缺、弥补学习的好时机，一定要复习和整理已学过的知识，并对下学期的内容做好预习。

多了解物理、化学、地理、生物这四门学科的相关知识。提前建立对科学的宏观认知，为高中阶段的课程做些积累。这样到了高中真的会省力、省时很多，学习起来也游刃有余。

爱君：伴随着三位嘉宾的热心讲解，时间不知不觉就过去了。"双减"后的寒假怎么安排更科学、更高效，相信爸爸妈妈们都心里有数了。祝孩子们都有一个快乐又收获满满的假期！

看运动怎样
改造孩子大脑

爸爸简介

郭国中（郭爸）	体育名师	家有一女
盛雪明（盛爸）	外企职员	家有一儿

导语

科技的发达让生活日渐便利，但同时也让孩子们越来越"懒"：不出门，不运动，好像又要回到古时候"四体不勤，五谷不分"的书生模样。多年前的家长为孩子的"野"而发愁，如今的家长又为孩子的不"野"而烦恼。"野"是生命力的展现，也是活力的象征。有旺盛的活力，才有无穷的想象力和创造力。怎样才能让孩子"野"起来？

智慧论坛

爱君：我们今天的直播主题和运动息息相关，因为老师和专家们已经深深地意识到：保持运动的习惯，可以让人变得自律和自信，越来越开朗，远离忧郁。

今天的主题，源自一本书——《运动改造大脑》。

我到现在都记得，我们小时候，因为社会评价比较单一，只看文化课成绩，所以那些喜欢运动而成绩不太好的学生，会被一些老师批评为"四肢发达、头脑简单"。然后这些孩子就会觉得自卑，对文化课学习更加抵触，情绪低落。不知道我们的嘉宾们有没有过类似的经历？

硕文：我在读小学时，班里的确有不少"四肢发达、头脑简单"的同学，不少成绩好的同学对运动却不太热衷。当时，学校的运动设施比较简陋，运动项目很简单，专业的体育老师也少，总体感觉运动氛围不太浓。

郭爸：是的，我读中学那会儿，学习好的同学很少出现在操场，搞体育会被认为"不务正业"，这多少影响了同学们参与运动的积极性。

爱君：经过 20 多年的发展，我们的评价变得相对更科学和宽容了。现在的情况是，四肢发达爱运动，可以说是对一个人很高的赞美了。这方面的情况，硕文老师有发言权。请硕文说说这方面的有趣现象和例子，好吗？

硕文：我很喜欢"文武双全"这个词。"文武双全"可以说是我国古代对人才的最高评价。大家都熟悉的岳飞和辛弃疾，就是文武双全的民族英雄。岳飞率领的岳家军战功赫赫，收复河山，他创作的诗词《满江红》流芳百世。辛弃疾不仅是一位爱国词人，更是以"登高望远，指画山河"的气魄创建了飞虎军。

现在，我们的学生"文武双全"的比例怎么样？每年，我校都会进行大队干部竞选。有一次，我跟学校体育老师一起看入选大队干部的学生名单，惊喜地发现 90% 的大队干部"文武双全"。其中威信最高的大队长，虽然身材娇小，但运动能力极强，每天坚持训练，还作为学校乒乓队的主力，经常参加省市级比赛。

爱君：现在真是爱运动的孩子更优秀。近年来对运动的评价改变了，但我们还是经常会看到孩子不肯运动的新闻。几年前有一组漫画，画的是"母亲拉孩子"：第一张图是母亲把孩子从操场上拉进家，孩子满身泥巴不肯回家；第二张图是母亲把孩子从家里拉去操场，孩子捧着手机不肯出门。还有新闻说爷爷奶奶反对体育考试中的长跑，觉得自家孙子孙女吃不消。请问郭爸，在您看来，孩子们对运动的喜欢程度怎么样？最近这些年有没有什么变化？

郭爸：我想，现在的孩子们绝大多数是喜欢运动的，这可能跟学校、家庭以及社会对孩子体质健康的重视有很大的关系。20多年前，一篇题为《夏令营中的较量》的文章引起全社会关注。那个年代，据说中国孩子的平均身高、身体素质都远不如日本孩子。随着国人对体育运动、体质健康的重视，这样的情况已经有了质的改变。2019年的一项调查显示，中国青少年的平均身高已经超过了日韩。所以说，这些年来，随着我们国家对体育运动的重视，奔跑在运动场上的孩子的身影会越来越多。

关于孩子们对运动的喜爱程度，我可以告诉大家一组数据：前不久我们在科技城校区做了调查，超过75%的孩子表示非常喜爱运动，23%的孩子表示喜爱运动，两项合计有98%。这组数据能说明孩子对运动的态度。

儿童的天性就是"玩"。而体育运动就是和"玩"息息相关的，是拥有独特魅力和乐趣的"游戏"组合。有人说，儿童是"自然之子"，是天生的"运动员"。我看这话说得一点没错。你去观察，当孩子来到体育场上时，大多会在操场上追逐奔跑，很少有孩子会讨厌操场。他们会一起游戏、奔跑，甚至会想出一些游戏规则，以促进公平竞争。这些都是孩子们运动能力提升的体现。

爱君：看来运动对孩子的成长有着深远影响。请问盛爸，你家小盛同学是从小就热爱运动的吗？

盛爸：我觉得郭爸说得很对，儿童的天性就是"玩"，所以小盛小时候很爱玩，我是很理解、很支持的，家里滑板车啊，扭扭车啊什么的一大堆。那时我也经常陪他一起玩。不过他小时候我只是陪他瞎玩玩，做一些小游戏，偶尔跟他说一些注意事项，也不知道他懂不懂，教他一些玩的方法和技巧，也不管会不会。后来稍微大点，有一次路过一个轮滑训练队，看到那些小朋友一个个"唰，唰，唰"在他面前滑过，他就呆住了。看他表情我知道他是心动了。然后我就问他是不是想参加，他点了点头。我又告诉他这个训练是很累很苦的，问他还要不要参加，他还是坚定地点点头，然后我就给他报名了。其实那时候我是觉得让他接触一些正规的训练也好，毕竟有专业的教练，肯定能让他学到更科学、更专业的玩法，而且和那么多小朋友一起训练他肯定更有积极性。后来他还在区级、市级的比赛中得了名次。所以我觉得，<u>运动需要专业科学的方法，才能让孩子更好地坚持下去</u>。

爱君：你觉得小盛同学喜欢运动的原因是什么？

盛爸：这个问题以前我也问过他。他说是看到那些运动员都很高大、很阳光、很受欢迎，自己也要像他们一样；还有就是运动能锻炼身体，让身体更棒，也会更加自信。就像刚上小学那会儿，他一个小朋友都不认识，后来开学没多久学校举办了运动会，他的体育特长得到了展现，然后很多同学就跟他熟识起来了，班上同学还给他取了个外号叫"飞毛腿"。现在他顺利当选了学校体育部的副部长，感觉这也让他多了一层光环。

其实我还觉得，<u>运动是一座很好的沟通桥梁</u>。就像他小时候老是拉着我陪他玩，还总是问这问那，现在长大了基本是我去喊他陪我逛，然后就聊一些学校的情况啊，同学间玩的游戏啊什么的，所以运动是一个很好的能够让亲子间互相陪伴、彼此了解的纽带。

爱君：小盛同学的伙伴中，爱运动和不爱运动的比例怎么样？

盛爸：小盛的伙伴爱运动的比例相当高。小盛是校足球队的，他的队友也都是学校的运动健将。他们经常一起玩的几个同学，体育都是不错的，运动会上也总有不俗表现。他说他们班里爱运动的同学有八成左右，按照这个比例，我觉得不爱运动的同学应该很快会被带动起来。

爱君：我也相信一定会的。说到这里想问硕文，爱运动的孩子和不爱运动的孩子，在心理情感和未来发展上，有没有一些明显的或差异较大的区别？

硕文：爱运动的孩子和不爱运动的孩子，不论在心理情感还是未来发展上，差异都还是很大的。加州大学实验心理学博士、脑科学家洪兰认为：激活孩子大脑的最佳途径是运动、阅读、游戏。人体运动学专家的研究表明：孩子的体能越好，大脑的功能就越好。

这些年，我在开展"智慧爸爸"课堂的过程中，会布置一项课后作业：爸爸带着孩子去运动。这样做有三大好处：

1. 运动是人际交往的良好途径

爱运动的孩子，比较热情、坦率。运动中要讲规则，善合作，有规则意识和合作能力的孩子，自然就会受欢迎。反之：不爱运动的孩子，容易孤独，容易在群体中被边缘化。所以，我们要培养孩子运动的习惯，让他在运动中结交朋友，在运动中体验与同伴互动的快乐。

2. 运动有助于培养孩子的抗挫力，形成坚持力

意志力脆弱、抗挫折能力差也是近年来学生厌学的主要因素。而体育运动是最能培养学生的坚持和毅力的。因为锻炼需要持久性，锻炼中累了、受伤了，或者参加比赛输了，都会干扰孩子的坚持力。只有不断提高体能极限，才能有更好的运动效果。其实，提升体能极限的同时，

也能提升孩子的学习毅力。

3. 运动有助于孩子进行情绪管理

一项对各个年龄段数万人的人口学研究表明：体能水平与积极的情绪直接相关，而且还能缓解焦虑并降低压力水平。适当的运动会分泌多巴胺或内啡肽。多巴胺被释放，可以引起愉悦感、幸福感和满足感。多巴胺还与动机、注意力和学习过程有关，可以增强记忆和认知功能。内啡肽可以缓解焦虑和压力，促进彼此之间的情感联系和信任感。

爱君：硕文在开展家庭辅导的时候，是否遇到过很有说服力的例子？

硕文：这些年，我在开展家庭辅导的过程中，发现亲子关系不良的家庭，很少开展亲子运动。这些家庭不管是家长还是孩子，消极情绪比较普遍，焦虑、压抑、愤怒等情绪很常见。有这样一个例子：

2020 年的寒假，我接到了紧急求助：一位母亲发现孩子上网课时很不认真，就指责孩子。孩子不服气，就与母亲发生言语冲突，最后上升到肢体冲突。孩子情绪失控，场面一片混乱时，父亲却杵在那里，不知所措。

深入了解后我发现，父子之间几乎是零沟通。为了重塑亲子关系，我建议父亲与孩子增加沟通。可父亲这些年一直沉浸在自己的专业领域，跟孩子几乎没有交集，找不到沟通的话题。我把由我校体育、心理两部门合作开发的"健心 121"课程发给父子俩，父子俩就开启了亲子运动。运动中，父子俩有肢体接触，也时不时进行言语交流，就这样，亲子运动巧妙地成为父子关系的突破口。

随后，孩子父亲积极加入学校"智慧爸爸"课堂的学习，跟着智慧爸爸们参加户外亲子课堂。一年后，这个家庭发生了神奇的转变：父子俩无话不谈，孩子的情绪基本稳定，学习专注力、意志力明显提升，班主任也十分惊叹孩子的变化。

爱君：这是不是可以说明：有运动习惯的孩子，性格更开朗，日常更自信，未来更远大？

硕文：是的。有运动习惯的孩子"输得起"。"输得起"的孩子乐观开朗，情绪也会比较平和稳定。

现在很多孩子都输不起：一种是"怕输"，不愿意参加活动，不愿意参与班级竞选，不愿意迎接任何挑战；另一种是"输后"觉得自尊心受挫甚至会情绪失控，同伴们就会避而远之。

瑞典科学家安德斯·汉森立足前沿科学理论及研究成果发现，就"运动改造大脑"这一话题进行了全面科普，写出了《大脑健身房》一书。这本书提到，人们在运动后，会分泌大脑的营养素——脑源性神经营养因子（BDNF），激活体内激素，可以促进激发海马体的干细胞分化成新的神经细胞，能够诱发"神经新生"，继而为大脑制造出替换零件（新的神经元细胞）。这种大脑物质的产生，可以有效地赶走压力和焦虑，带来更多的自信和专注度。

我们鼓励孩子通过参与运动不断挑战自己，培养团队合作能力和社交技能。许多运动需要团队合作才能取得好的成绩，比如足球、篮球等。在参与这些运动时，孩子需要学会与他人合作、沟通、协商等技能。此外，运动还有助于孩子形成积极、开朗的性格。在运动中，孩子可以获得快乐、成就感和荣誉感等积极的情感体验，从而形成积极向上的心态和乐观的性格，对未来也拥有更多的可能性。

爱君：这样看来，我们还是要采取各种办法，让孩子动起来。郭爸，在"五育并举"育人理念的当下，学校在鼓励孩子运动方面，有哪些新措施吗？

郭爸："五育融合"背景下，体育的重要意义更加凸显。我们认为：体育的重点不在体，在于育。为此，我们把体育工作的核心理念定位于"**以体育人，身心健康**"。

平时学校比较突出一个核心举措——"亲体育"，主要包括亲师体育、亲子体育、亲朋体育、亲社体育四大类。

比如师生足球联赛、师生跑操，让孩子在和老师的共同参与中彼此增进信任，促进良好师生关系的形成，这是亲师体育。另外我们倡导亲子体育，从亲子趣味运动会到家庭体育作业，倡导亲子共享、亲子共进，增进孩子与父母的情感交流。亲朋体育是孩子们最喜爱的运动形式，超过 51％的孩子更愿意和伙伴一起锻炼。这方面的体现形式主要是一些团队项目，比如拔河比赛、旋风车跑等。这些都是我们在"五育融合"理念下开展的运动措施。

爱君："亲体育"的提法很有意思，也体现了学校在关注学校体育方面的创新实践。有具体的事例来说说吗？

郭爸：学校较多开展的是"亲朋体育"，就是与伙伴一起开展体育活动。从学校特色体育的角度，我重点说说冬季长跑。

冬季长跑是我们学校的传统项目。有些学校是让孩子每天来校时或者离校时自己跑一定距离就算完成了。而我们是以班级为团体，每天大课间全班一起跑。跑步时，大家一起高喊口令，班级口号震天响，团队凝聚力得到加强。在这个过程中，孩子们形成了相互激励、奋发向上的状态。但是时间一长，孩子们会有种太枯燥的感受，逐渐呈现疲态。后来我们设计了各种图形，半圆、三角形、正方形，还有分队、裂队等，让孩子们挑战图形跑。这个过程比单纯跑步要有趣得多，孩子们团队齐挑战，乐此不疲。

为检验实效，同时增强挑战性，在跑步中段，我们还开展了"迷你马拉松"比赛。我记得为了在比赛中赛出水平，有一个班的孩子提前三周自发组织开展赛前集训。这些孩子在集体训练过程中，团队协作，相互鼓励，看得出是对长跑真的充满了热爱。也就是这批小伙伴，在"迷你马拉松"赛场上创造了佳绩。有几个孩子最终入选了田径队，好几个小升初时被体育特招进了理想学校。

看得出，在同伴的感召下，这些孩子的体育热情点燃了学习热情，他们以顽强的体育精神和意志力，在学习这条道上披荆斩棘，取得了理想的成绩。这中间，我们开展的伙伴体育很是关键，因为有时候伙伴助力比家长还有用。这就是"亲朋体育"带来的力量。

从这个案例中我们可以发现：让孩子爱上运动的诀窍在于让孩子"喜欢"，而钥匙在于要让孩子有"目标"。这中间的"催化酶"便是"亲体育"的魅力。

爱君：现在学校的体育运动真丰富，团队一起玩，是美好的校园记忆。那回到家呢？我听说有体育作业？

郭爸：是的，根据教育部门有关校内、校外各一小时体育锻炼的要求，我们适量布置家庭体育作业。主要包括"必练"项目4个（跳绳、坐位体前屈、仰卧起坐、跑步），"选练"项目2～3个，"拓展类"项目2～3个。

爱君：那这个作业怎样来检验呢？

郭爸：体育作业的检验的确是个难题。一个体育老师往往执教好几个班，体育作业又不能显性呈现，所以评价主要靠比赛。譬如学校开展一个跳绳比赛，检验孩子们一段时间内的运动情况。

现在我们也在尝试"智慧运动"叠加，比如采用"天天跳绳"APP

开展体育作业布置。当今世界利用 AI 技术开展体育运动已经不稀奇了，不少学校已经开始尝试 AI 智慧体育操场了。我记得有一个孩子，在"天天跳绳"APP 上每天打卡，还在上面约了班级几个好同学成立打卡群，互相"约战"，一起跳短绳、一起开合跳、一起摸高跳等。

这种形式的运动有以下特点：

> 一是智慧运用，操作简便，架起手机、平板电脑便可以开始运动。二是成立学习小组，让孩子感觉如同在学校。同伴建群，大家项目一样，有种每天同步运动的体验感，也能时刻关注同伴的锻炼情况，相互比学赶超。三是及时评价，让孩子感觉到体育老师的关注。体育老师每天进行批量批改，针对个别特殊孩子再进行个性化批改。这样的推动作用效果很明显。

爱君：果然是科技改变生活。嘉兴市实验小学在运动方面已经探索出了这么多好办法，点赞！

那我想问一下盛爸，小盛在家运动时，是不是特别主动？尤其是寒假和暑假的时候，你是怎样鼓励他去运动的？

盛爸：运动他是比较自觉的，这点不用我操心，现阶段我觉得只要做好"伴"，就是对他最好的鼓励。因为一个人运动总会觉得枯燥无味，这样即使再有兴趣的孩子可能也会慢慢失去热情。特别是两年前那个超长寒假，由于我们还是正常工作，他一个人在家上好网课，完成作业后会有很多空闲时间。他虽然会一个人跳跳绳、跑跑楼梯什么的，但时间久了还是会向我抱怨。后来有幸参加了沈老师的"五色云"活动，让他制订了宅家计划。白天按计划完成各项事宜，晚上我就想一些有趣点的运动，比如隔空取水，花式跳绳，击掌俯卧撑等。周末我们还经常骑车去乡下转转（野餐，放风筝，踢球……）。在这样有条理、有陪伴、有丰富运动的宅家时光里，他轻松地度过了超长假期，也始终保持了对运动的热情。

爱君：我记得硕文开创了学校心育品牌"快乐心"，里面就有关于激发孩子去主动运动的内容。请你介绍一些可以让家长们参考执行的方法，好吗？

硕文：快乐是创意的动机和源泉。假期里，我们推出了"快乐心"亲子创意视频大赛，智慧爸爸们的参与度是最高的。我们收到的近百份视频作品中，最佳创意作品就是盛爸和儿子的《奇妙绳法》。我想问一下盛爸：你是怎么想到用一根绳子，跟儿子开展亲子运动的？

盛爸：这其实是源于我自己小时候的一些玩法。我们小时候不像现在有那么多的运动器材，而且我家是农村的，条件更加有限，所以只能用绳子这类简单的道具来玩一些花样。当我告诉小盛这些玩法的时候，他觉得很新奇，很有趣，然后正好用这个游戏参加了这次活动。

硕文：开学时，我遇到小盛同学，聊起寒假生活，他这样跟我说：

这个寒假，爸爸几乎每天陪我玩他小时候的游戏，还时不时变着花样玩。妈妈帮我们拍下视频后，爸爸又开始在网络上学习怎样剪辑视频。看着爸爸每天晚上努力学习，一次次认真剪辑的样子，我更爱我的爸爸了。

小盛同学的班主任周卫飞老师是这样评价他的：

这个孩子在学习上有目标，有冲劲，从小养成的良好习惯促成了他能在平时的学习过程中做到自觉主动，无须师长过多监督，学习效果往往很明显，同时思维也敏捷，各科学习成绩优异。这个孩子难能可贵的地方是在学好文化知识的同时，也非常注重兴趣爱好的发展培养，无论是计算机编程还是田径、足球等，可以说和我们学校倡导的"五育并举"的理念都相契合。

 贴心建议

爱君：最后我想请郭爸给我们做一些建议和提醒，就是：什么年龄段的孩子，采取哪些运动方式比较好？日常运动中要做好哪些防护，比如饭后不能马上跑步这种……

郭爸：在和学生讨论"你最喜欢的运动项目是什么"这个话题时，排在前几位的是跳绳、篮球、足球、羽毛球等。你们看，这几个项目的共性是器材、场地都比较简单，在家随手拿来就能动起来。如果从项目上建议的话，对于低中年龄段的孩子，我建议家长多开展一些简单易行的运动项目，譬如和孩子一起跳绳、打篮球、骑车、放风筝等；对于高年级的孩子，可以组织打球、跑步或者户外登山等。如果从活动对象来讲，低中段还是亲子类为主，中高段可以考虑和同伴一起，增强同伴间的交流，有助于孩子在人际关系上获得更多经验。

我们曾给入学阶段的孩子下发过"花绳"，就是我们小时候玩的挑花绳。这看起来不像体育运动，其实能锻炼手指灵活性，增强手眼协调，还能促进人际和谐。它既可以孩子同伴互动，也可以亲子互动，很有意思。

对于刚入小学的孩子，我建议在家长陪伴下多进行一些体育运动。强调家长陪伴，是因为这个年龄需要安全感，需要被关注，需要引领。不是给孩子一个球，自己坐边上看，这样很难让孩子深入到体育活动中。家长的示范引领作用很重要。希望家长多放下手机，与孩子一起多

互动参与，亲子其乐融融的同时还能增强体质，何乐不为！

刚才，爱君老师讲到的饭后不宜马上跑步，这在科学运动中是很重要的，大家不能忽视。另外，日常运动中的安全保护也很重要，需要关注以下三点：

一是场地器材安全；二是运动前热身要到位，结束后拉伸放松也不能忘；三是体育运动要讲究循序渐进，不可一蹴而就，要一步步慢慢来，尽量防止运动损伤。

爱君：谢谢郭爸给了这么好的建议和提醒。我想，经过三位嘉宾的梳理和指导，爸爸妈妈们都知道了让孩子既"文明"又"野蛮"的好办法了。祝愿孩子们都能"文武双全"！

第三课

看阅读怎样助力孩子的写作与人生

📒 爸爸简介 ⊰

郝建真（郝爸） 　美术学科带头人 　家有两儿

楼严春（楼爸） 　语文学科带头人 　家有一儿

导语

电子时代，还要不要纸质阅读？碎片化阅读时代，怎样培养孩子的深度阅读能力？为什么孩子读了很多书，作文还是写不好？为什么自己写得很顺的文章最后得分却不高？良好的阅读习惯，会带给孩子怎样的心理成长？

智慧论坛

爱君：都说"得语文者得天下"，这是孩子和家长们听了很多遍的话。但是，语文究竟该怎样去得到？得到后的天下究竟有多大？我想，对于学生来说，语文的天下，应该就是阅读和作文了。我们先请楼爸说说，在目前的小学中高段语文学习中，阅读和作文的分量如何？比如，多久会要求写一篇作文？一般会写哪些类别的作文？

楼爸：在小学高段的语文学习中，作文的分量可谓举足轻重，占了三分之一，再加上阅读部分，则超过了一半。在日常的语文学习中，基本是八个单元，每个单元都要求写一篇作文，这样就是八次。如果加上每两周一次的周记以及作业本上的小练笔，平均下来每周一次。高段的作文以记事类居多。

爱君：孩子们对作文的感情和表现如何？我听说现在的中小学生都怕写作文？

楼爸：爱君老师说得很对。是的，一提起要写作文，大多数孩子是有畏难情绪的。他们的素材往往比较缺乏，不知道要写些什么。一个明显的表现就是绞尽脑汁，在凑字数。

爱君：郝爸，我记得就在前两天，我市教育部门举办的抗疫故事征文，第一篇发布就是你们家大宝郝好写的作文，真是文如其名呀！

硕文：郝好是我校的心理委员。他用亲身经历作为素材，发表的抗疫征文故事《那一刻，我学着成长》，鲜活生动，在全市几百篇征文中脱颖而出。我也特别自豪！

郝爸：我们家大宝的阅读和作文并不是特别优秀，在句意理解、段落概括、字词把握上，也会出现其他小朋友常见的问题。但我是允许他犯错的，因为我小时候就经常在语文上犯错。错了，找出原因，耐心给他分析，慢慢会好起来的。

爱君：你觉得大宝爱写作文的原因是什么？

郝爸：分析原因，主要有以下三点：

第一是引导。我们家长带着孩子去观察、去体会，然后让他用文章的形式记录下来，渐渐地他就会写点出来了。这其实是习惯养成的过程，需要家长的引导。

第二是榜样。作为家长应该也养成看书、写作的习惯，尤其是要在孩子面前表现出来，让他知道看书、写作其实很快乐。我日常有一个习惯——在我的速写本正面画一张画，反面就随手写点自己的感言。孩子经常会看到我这样的动作，耳濡目染，我让他写作文，他就没那么抗拒了。

第三是点赞和评语的力量。一旦发现孩子作文中闪光的点，哪怕再小，都可以用夸张的语气狠狠地表扬他，让他时时对写作文充满自信，这样就越写越来劲了。

爱君：说到这里，你们家大宝是不是在做一个很有意思的项目，就是录制二十四节气的视频？

郝爸：是的，这是我们在今年立春时开始的一个家庭互动的活动，就是想带着儿子了解二十四节气中所含的民俗、人文、科学、艺术等方面，同时用拍摄小短片的形式让他演出来，这样在快乐学习的过程中锻炼他的语言表达、短文写作能力。

爱君：这让我想到一个问题，就是我们日常说到作文，好像都潜意识地认为是写在作文本上的书面作文，其实，作文还包括口头表达。硕文，这些年来，你培养了很多心理委员，他们的口语表达能力怎么样？

硕文：我们学校的心理委员团队是全校最年轻的爱心团队。心理委员的工作重点就是观察班级动态，营造积极的班级氛围。除了帮助同龄人，他们还时不时地去低年级开展心理微课堂活动。在一次次的学习与实践中，心理委员在表达时注重逻辑性，语言富有感染力，语气越来越亲和，口语表达能力超越了同龄人。

爱君：对学生来说，得语文者，可以写好作文，可以做好演讲。到工作了，语文就是竞聘演说、述职报告、客户分享、产品介绍……全部都是语文。

硕文：是的，良好的表达能力可以让人自信勇敢，可以让人得到更多的认可，也会得到更多的机会。

爱君：我们采用作文中的倒叙手法，终于先弄明白了"得语文者得天下"对于学生和成人的含义了。现在我们分别来说说各自的"语文"和"天下"好吗？

楼爸：我想谈两点关于阅读的体会。

一是能坐得住。当遇到一本好书时，我会坐着把它静静读完，有时一读就是一整天，享受读书之乐。

二是静得下。因为阅读，使人的心态平和，久而久之，心静如水，遇事则不会慌乱急躁。正因为如此，阅读成为我生活中的习惯。

郝爸：因为语文，我爱上了语言表达，这也让我养成了给别人讲故事的爱好。学童时暑假去社区居委会，长大了就上台演讲。我家大宝自从进入小学阶段学习后，他班级里时有家长讲故事的活动，我总是第一个报名参加，因为我喜欢把书本上看到的不断分享给孩子们，大宝也因为这点特别自豪。

硕文：这些年，我策划和主持多场心理活动和家庭教育活动，开创"智慧爸爸""魅力妈妈"等特色亲子心理课堂，形成了"快乐心"家庭教育交流平台，还要感谢多年的语文功底和大量的阅读学习，保证了自己的深度思考和沟通表达能力。

爱君：我最深的感受有两点：一个是生活习惯，就是能群居也能独处。群居时可以快乐聊天，独处时可以安静读书。另外一个是快乐工作。因为阅读，对文字既喜欢又敏感，所以特别热爱这份工作。

到这里，我们都说了学好语文带给自己的福利，相信我们的孩子将来也可以因为热爱阅读享受到一生都可以用到的福利。

下面我们开始下半部分内容，就是方法的推荐和分享。我想是不是硕文先说，毕竟你在成为优秀的心理辅导老师和省家庭教育指导师之前，是优秀的语文老师，可以从更开阔的角度和视野，来给我们的孩子和家长一些科学又可行的方法。

硕文：前段时间，我给家长开展了亲子阅读讲座：阅有"心"，读"得"未来。我引导家长从"三心"看亲子阅读：从亲子心理看亲子阅读，从阅读心理看亲子阅读，从成长心理看亲子阅读。今天我就重点说一下成长心理。你们觉得孩子成长的标志是什么？

楼爸：我觉得孩子成长的标志是能够自主安排时间。

爱君：我觉得成长的标志是开始主动且自觉地去学习了。

郝爸：我觉得孩子在原有的基础上不断取得进步就是成长的标志。

硕文：这些年，我一直在做学生心理辅导，感触最深的就是学生的思维差异很大。爱思考、会思考、能思考，遇到问题能主动分析、思考解决的孩子，心智发展得好，自然就很少出现心理问题。

爱君：说得好！正好我前两天在听一本书，书名叫《好的教育》，里面说到素质教育，对它有个非常好的定义——素质教育不是技能，而是遇到问题的判断力和扛事的能力——和硕文的这个说法，真是"英雄所见略同"。

硕文：阅读往往能更好地促进孩子的心理健康成长。

在亲子阅读过程中，孩子会更好地从书中认识真善美、假恶丑。书中的艺术形象所蕴含的巨大魅力，也会深深地打动他们。当孩子被打动时，父母给予恰当的引导，孩子就会受到潜移默化的感染和教育。这就是在阅读中知世界。

阅读的途径不只读书，还有旅游、观影等方式。中央电视台有一档体验式文化教育节目《跟着书本去旅行》，就是以中小学课本和经典名著为线索，在"读万卷书"的同时"行万里路"。所以爸爸妈妈可以带着孩子在阅读中扩视野。

优质书籍都会蕴含积极的心理品质，孩子在阅读中就会有所领悟。我女儿在读小学前，我每天给她讲一个绘本故事。这些故事的主人公虽然是动物，却生动地揭示了为人处世的方法和道理，如：真诚对待他人，做错事要勇敢承认等。女儿上小学时，主动帮助同学，做事有礼有节，非常受人欢迎。这就是在阅读中悟成长。

家里有多个孩子的，哥哥姐姐的读书习惯形成了，弟弟妹妹就不用教，也会跟着阅读。这也是在阅读中悟成长。

郝爸：这点我深有体会，我们就是二宝家庭。哥哥在阅读时，2 岁不到的弟弟就会跟着翻看他的绘本，虽然不一定看得懂，但是我觉得这也许就是榜样的效果。

硕文：是的，家庭读书会是孩子们很向往的，孩子们可有想法了。我总结了组织家庭读书会的三个要点：

一是营造阅读氛围。

让孩子决定读书会的时间和场所。有的孩子喜欢白天，在书房或阳台；也有的孩子喜欢晚上，说喜欢月光下的感觉。家庭阅读的时间基本都会选择在双休日，这个时间身心放松，家庭成员能够凑齐。

二是把握阅读进程。

全家可以轮流主持，因为首次读书会非常重要，会影响后续读书会的参与度，建议全家推选首场主持人。整个阅读过程分三步：先是介绍自己本周看的书，接着朗诵自己喜欢的章节，最后分享阅读感受。

三是增加阅读创意。

孩子比父母更有创意，他们说放点轻音乐，烘托阅读气氛，还希望与爸爸妈妈一起演绎书中精彩的故事情节。比如楼老师班里的夏诗哲一家的家庭读书会就特别有创意，他家的家庭阅读大赛坚持了 5 年，还设计了阅读存折。

楼爸：是的，我们班的夏爸是一位很有想法的爸爸。他会定期在家庭内部举行阅读大赛，而且还有奖品。夏爸会拟好年度的阅读计划，比如阅读完《资治通鉴》熊逸版第一辑和第二辑共 18 本书，还有其他已经买好的 10 多本书。另外，夏爸还会在"得到"APP 上听书和学习近 10 门课程。他在把阅读当成一项乐趣来落实。一家三口形成了浓浓的读书氛围。我们的夏同学因此受益，他在阅读方面经常有自己独到的见解，写的作文也很不错呢！我想这就是阅读的力量！

爱君：楼爸最近在做一个关于学生阅读的课题，这个课题有什么启发和收获吗？

楼爸：我正在研究的课题名称是"《语文作业本》图示题助推阅读的教学策略研究"，与我们今天讨论的阅读主题相契合。通过这个课题，我最大的收获就是知道了孩子在阅读上提高速度较慢的原因，是不得其法，没有一定的方法指引，导致无从下手。因此，我们需要找到切实有效的学习支架来改变现状。而新版《语文作业本》图示题的出现，有利于培养学生有条理、有步骤地思考问题的能力，也有利于推动阅读教学的深入。如果教师能用好《语文作业本》上的图示题，使之和课堂教学紧密结合，成为一种学习支架，让学生依托这些题来提高思维能力，优化阅读方法，最终就可能达到助推深度阅读的效果。基于这样的思考，我们提出这个课题。此课题通过依托《语文作业本》图示题助推深度阅读的策略研究，致力于指导学生掌握《语文作业本》图示题的解题方法，并将图示作为教学支架，进而把图示的思维迁移到阅读中去，扎实有效地提升学生的深度阅读能力。

爱君：从这个课题来看，我们的孩子在阅读和作文方面，存在哪些要重视和改进的地方吗?

楼爸:我觉得重视之处应有以下三点:一是多积累素材。孩子头脑中有"货",才能言之有物。二是增大阅读面。不要只是单一地去读一类书,而是多类书。三是掌握方法技巧。阅读做题时审题很重要。

比如我们班的夏爸会和孩子开展阅读比赛,他曾说,他们的阅读比赛源于一场约定。如今夏同学已是一名中学生,基础的学习任务越来越多,会占据很多的课余时间。但夏爸希望阅读不要有任何的功利心,而是一种放松的方式,他现在就很享受在图书馆看书的时光。希望大家都能享受一起或各自阅读的乐趣,真正地让阅读成为一种习惯。

在这样的氛围下熏陶出来的孩子,不仅脑子有"货",而且阅读面广,更在很多的阅读实践中掌握了技巧。

在高段阅读教学模式化的背景下,《语文作业本》的图示题给深度阅读开辟了一条新道路,注入了新鲜的血液,给阅读教学带来了无限的活力。实践研究推进到今天,研究者发现学生对阅读不再抗拒,不再觉得枯燥、头疼,而是去享受阅读、热爱阅读,并在这个过程中无形中提升了深度阅读能力。家长们也给予了极大的肯定。这就是这个课题研究的价值所在。

♥ 贴心建议

爱君:楼老师能否从语文老师的角度,分别给孩子和家长一些方法与建议?

楼爸:我想提的建议可以概括为三个关键词。

一是"得法"。这里的法不仅是阅读有法,比如摘录、批注、读后感、思维导图或图式梳理等都是阅读的好方法;而且还是写作有法,比如遵循一定的顺序，行文流畅自然等。

二是"陪伴"。这里的陪伴有三重含义，学生与学生之间共读、师生共读、亲子共读，在这个三维陪伴的网络之下，孩子的阅读积极性一定会增强。

三是"专注"。阅读时必须专注才能读下去，领略其要旨；写作时专注，灵感才会源源不断，行文才会有可读性。

在这里，我想做一下师生共读和亲子共读方面的补充。我认为，一位爱阅读的老师，会在无形之中对孩子们产生深远的影响。我自己就是这样做的。比如孩子们爱看的图书，我都是看过不止一次。午休间隙，我会手捧一本书，把里面的经典片段朗读给孩子们听。看着孩子们听得津津有味，我觉得真有成就感！此时，同学们会觉得：老师太棒了！这些我们爱看的书老师竟然都看过！同学们会跟我就看过的书籍进行讨论，师生的思想发生了有趣的交流。

除了"读书分享会"，我还会开展"读后感大比拼""阅读小报""美文摘录""名著演一演"等丰富多彩的系列活动。以上列举的一些阅读活动实际上就是一个个阅读的金点子！

在亲子共读方面，夏爸无疑为许许多多爸爸做了一个示范。他们的父子阅读比赛令人深受感动。父子阅读比赛从2017年走来，已经完整地走过5个年头。5年里，夏爸有空一般都会看看书，具体看什么也没有太多讲究。夏同学一开始的阅读量还不错，但可能还不够精。当然，总的阅读量甚至远超他的父亲。

夏爸在他的公众号"老男爱生活"中的一期这样写道：

今年较之前不一样的是尽管我的阅读量不及儿子，但习惯保持得挺好，所以组委会把大奖颁给了我。为了进一步说明此次奖项设置的内涵，特意增加了颁奖词，由组委会主席宣读颁奖词，以示郑重。颁奖仪式开始前，儿子知道今年获大奖的不是他，虽然表面上是开心的，但表情里多少有了几分尴尬。不过在颁奖的过程中，儿子倒是说了一句我很欣赏的话"这又不是最后一届"。是的，我相信他明年一定会有更大的进步。

正是由于这样的坚持，年复一年，到夏同学六年级毕业时，他的阅读量已经在同龄人中遥遥领先，而且阅读是有质量的，在阅读的精细化的方面得到了飞速的提升。为什么我会感受这么强烈呢？因为夏同学在我的班级四年，我看着他从三年级的稚嫩到六年级的无比懂事。阅读的见解在四年中愈发深邃，令我为之一振！

爱君：郝爸来分享一些在亲子阅读和亲子表达方面的方法吧！

郝爸：第一，阅读需要时间保证。

记得儿子刚上小学时，我每天都想着一回到家就给他讲我最喜欢的历史故事，从三皇五帝到宋元明清。也许是因为自己喜欢看这类书，总想把这样的偏好带给他。可后来发现，当语文需要听默读写、数学需要快速读卡计算时，我们晚上讲故事的时间就不那么充分了，于是，只好调整到每晚 8:00 到 9:00 这一个小时。到了三四年级，8:00 开讲也变成不太可能了，那只好压缩到 8:30 到 9:00 半个小时。现在儿子五年级了，为了保证每天能有半小时的阅读时间，我们俩总是卡着计时器进行家庭作业。时间真的得靠挤才能有！回顾这几年，我们阅读的时间变得越来越少，好在儿子越来越大，阅读速度越来越快，总算还能保证每天有一定的阅读量。

第二，阅读需要环境营造。

阅读总是需要安静专注的环境，在我们家三室一厅不大的空间里，书房是我和儿子每晚活动的主要场所，一面墙的书柜不断地增添新书，敞亮的玻璃移门既隔音又能保证日常阅读的采光，这些都是为了给他创建阅读的良好环境。随着儿子的成长，我发现光这样是不够的，硬件是死的，人为才是活的，要想让他爱看书，关键是我们大人得看书，榜样的力量才最强大。

第三，阅读需要情绪传递。

在陪伴阅读中，我也深深体会到如何带着儿子融入故事情节，真真切切感受故事中各种情绪传递对他的身心成长的帮助是无穷的，我在这几年给他讲故事时，总是按他的需求变换自己的朗读方式，尽量用不同的声音模仿故事人物的情绪特征、性格特征，让他更能体会故事传递的情感价值。

第四，阅读需要角色扮演。

好的文章往往能塑造性格鲜明的形象，就像一部好电影，演员演得好，塑造的形象更能深入人心。陪伴阅读也是这样，我们俩时常寻找些故事情节，进行角色扮演，这样更能加深对故事的认知。

记得一年级时，我给儿子讲三国，他对曹操特别喜欢，于是我就让他看了一段94版电视剧《三国演义》中鲍国安表演《短歌行》的视频，然后让他学着模仿一下。谁知他一周后居然把《短歌行》熟练地"演"了出来，兴奋地让我给他买了套古装，真正扮演了一回曹操。

第五，阅读需要回顾反馈。

陪伴阅读不仅仅要过程，更要持续的升华。阅读笔记、阅读小报都可以成为提升阅读的好方法，每个长假，儿子最喜欢做的就是阅读小报，从排版、绘图、书写，一字一句将自己的阅读心得体现出来，这也是阶段阅读的自我总结的过程。

爱君：谢谢郝爸。硕文在听了我们楼爸和郝爸的分享后，有什么要补充的吗?

硕文:郝爸刚才说的,我非常认同。我给年龄在 10 岁至 12 岁的孩子做了一份调查。我根据孩子们的表述,梳理出一些亲子阅读的好处:

> 1. 父母的陪伴可以让孩子感受到阅读的乐趣和意义,激发他们的阅读兴趣,提高阅读理解能力。
>
> 2. 父母和孩子一起阅读,可以增强彼此之间的沟通和理解,让父母更好地了解孩子的想法和需求,促进家庭亲子关系的和谐发展。
>
> 3. 通过与父母一起阅读,孩子可以学习到更多的词语和语法结构,提高自己的语言表达能力。
>
> 4. 阅读可以培养孩子的思维能力和创造力,对未来的学习和生活产生积极的影响。

此外,也有不少心理研究表明,亲子陪伴阅读可以提高孩子的情绪理解和社会认知能力,即他们对自己和他人情绪的理解和表达;增强孩子的元认知能力,即他们对自己的思维过程和策略的认识和调节;促进孩子的道德发展,即他们对正义、公平、责任等价值观的形成和实践。

同时非常重要的是,家长在与孩子一起阅读时,不仅仅看着他们读,还可以在一些关键的地方停顿,让孩子自己填补剩余的内容,比如故事的结局、人物的感受等。这样能激发孩子的想象力和创造力,检测孩子对故事的理解程度;也可以和孩子进行对话,询问孩子对故事的看法、感受、评价等,引导孩子思考故事中的道德、价值、逻辑等问题。这样能培养孩子的批判性思维和表达能力,也能增进亲子之间的沟通和信任。

总之，父母陪伴阅读对于孩子的成长和发展有着重要的影响，不仅能够提高孩子的阅读兴趣和能力，还能促进家庭亲子关系的和谐发展。

爱君：节目最后，我们再强调一下阅读的重要性，语文的天下有多大。

我的一位朋友总结了 5 个力——对成年人来说，阅读可以提升演讲力、写作力、传播力、交友力、学习力。

硕文：对学生来说，也有 5 个力：概括力、探究力、反思力、综合力、拓展力。

爱君：谢谢硕文和两位智慧爸爸，祝愿我们的读者朋友都能通过阅读，掌握和提升这 5 种能力。

看爸爸怎样带孩子
发现"快乐密码"

◤ 爸爸简介 ◥

闻泉新·(闻爸)　　教育工作者　　家有一女

尤陆升（尤爸）　　桥梁工程师　　家有两儿

导语 ◀

为什么有的孩子越长大，越觉得快乐变少了？为什么有的孩子在生活乐趣方面不仅很"窄"而且很"宅"？妈妈给予孩子的往往是细心的照顾和呵护，爸爸可以带给孩子怎样的帮助和乐趣呢？跟着爸爸去发现，会有怎样的惊喜？

智慧论坛 ◀

爱君：作为家庭教育的重要成员，爸爸在孩子的成长过程中，有着非常重要甚至不可或缺的作用。我想请嘉兴市实验小学"智慧爸爸"课程的创始人沈硕文老师先来说说——爸爸对孩子的成长，尤其是区别于妈妈，有哪些意义和作用。

硕文：父亲这个身份是一种力量的象征，这种力量包含着把孩子从家庭之内带出家庭之外的力量。幼儿园、小学、初中、高中，以及职场、婚姻，都需要有父亲的力量来支撑孩子。让孩子在成长道路上能有勇敢坚毅的品质和开放兼容的心态。

父亲还有一个作用就是教导规则。我们会看到有些孩子非常遵循规则，而有些孩子自控力非常弱，不愿意遵守规则。这个也与父亲角色的功能有关，因为父亲不仅是力量的象征，还是规则秩序的象征。如果一个父亲给予孩子的影响是足够的话，孩子的自控能力、遵守规则的能力就比较强。在现实层面，我们会看到有些孩子容易形成不良嗜好，这类孩子，往往都是父亲的力量、父亲的影响不足，导致孩子的规则意识、自我管理能力不足。

爱君：硕文老师说的这些关于父亲的作用，相信我们今天两位嘉宾都能感同身受。

尤爸：虽然我已是两个孩子的爸爸，但说实话，对于如何做个好爸爸这个问题，我也是一直在努力摸索。我认为，作为爸爸首先要给孩子安全感。爸爸这个词就是靠山、后盾的代名词。在孩子眼中，只要爸爸在就没有什么可怕的事情。其次要给孩子树立正确的人生观、价值观，让孩子在似懂非懂的年纪在关键问题上做好选择，不至于走歪路。

我的目标是将父子关系处成"兄弟"关系，如何能以爸爸的身份和孩子处成朋友将是我最终的目标。记得有一句网络语：爸爸也是头一次当爸爸，所以我的孩子稍微体谅一下。这句话看似笑话，但在我看来却蕴藏着父与子之间的协商和沟通，是平等和谐的父子关系的充分体现。

爱君：尤爸是桥梁工程师，经常出差在外，所以感受可能更加深刻一些。那闻爸对父亲在家庭教育中的作用，有怎样的观点和心得？

闻爸：6 月是个考试月。前几天早上 5 点多，因工作需要我给一位年轻朋友发了条信息，没想到他竟然秒回。我回信说："怎么你也这么早？"他回了四个字"家有考生"。高考、中考结束了，也许是"几家欢乐几家愁"，但更要记得"月儿弯弯照九州"。要相信总有适合自己的"菜"，顺其自然、顺势而为，该睡时就睡，该玩时就玩，在家的温馨港湾休整一下。

曾经有个朋友跟我开玩笑说："现在的家庭教育，不是单打独斗，而是一个梦之队的组合。"我认同他的观点。家庭教育、学校教育、社会教育都密切关联、紧密联系，但又各有不同、各有重点。家庭教育虽然是一个有机整体，但家庭成员的角色不一样，所以责任、任务也有所不一样。

我作为父亲，觉得最重要的是给孩子传递正能量以及德行、规则、责任……这些听起来有点教条、有点高大上的词语，其实都可以体现在日常生活的细节中。这些素养和品质是孩子成长成熟、融入社会所必不可少的。我想把孩子从"家里人"逐渐培养成"社会人"。

爱君：我很理解当爸爸的辛苦。曾经有个关于报恩的段子是这样的：有个人受了别人很重大的帮助，这个人对着帮助自己的人跪下来说："如果有来世，请让我做你的父亲吧！"旁边的人听了很奇怪，都很生气，只有这位帮助他的人笑着点头，表示理解，因为给别人当爸爸，就意味着毫无怨言毫无保留地给予和奉献。

今天我们要聊的是乐趣，是跟着爸爸去发现人生的乐趣，结果我们先谈了辛苦，这也正好说明，人生很多时候和教育一样，是"先苦后甜"的。说到这里，我要先问一下两位嘉宾，有没有发现，现在的孩子好像乐趣比较单一，或者说，孩子慢慢成长，乐趣好像也在慢慢减少？

尤爸：我的孩子快 12 岁了，我平时也会经常组织一些集体活动，经常和他的同学、朋友聊天。作为家长，我把自己的童年和他们的比较了一下，发现他们的乐趣真的很少，主要有以下三类：

1. 网络游戏：《王者荣耀》《英雄联盟》《和平精英》《原神》《崩坏：星穹铁道》《蛋仔派对》……

2. 和同龄人在一起肆无忌惮地放飞自我，哪怕只是简单地说说笑笑、打打闹闹。

3. 个别孩子会有体育类的兴趣爱好，篮球、足球方面的居多。

我还发现一些孩子不光是乐趣单一，还存在一些问题，我总结了以下三点：

1. 随着年龄的增长，来自学习的任务和压力也不断增大，已经开始有厌学的现象。

2. 进入青春期前期，开始出现轻微的叛逆现象。

3. 和父母沟通越来越少，总是嫌父母唠叨、烦。

闻爸：人们常说童年是最天真无邪快乐无忧的阶段，但在这个社会经济科技迅猛发展的时代，孩子的"快乐源泉"是否还能与时俱进，这是一个值得我们反思的话题。

直播前，尤爸跟我说："讲修路建桥我是行家，但对于教育，好像除了带孩子们玩玩，其他也不会啥。"我跟尤爸说："只要您与孩子一起玩，您就是好爸爸。"因为玩是孩子的天性，是孩子成长的规律。而现在的孩子往往是这样的：作业多过家务、读书多过学习、分数多过能力。玩是快乐的源泉，却被"万般皆下品，唯有读书高"的观念所压抑。

孩子的生活本应该是丰富多彩的。我们要让孩子"心动"，让他们对这个世界充满好奇和热爱。不仅要让他们读书学习知识，而且要让他们欣赏音乐、美术、文学等艺术。在语文、数学、外语之外，还有物理、化学、生物等自然科学。在政治、历史、地理之外，还有电影、动画、游戏等文化娱乐。但更要让孩子"行动"，让他们用自己的双手去创造和改变这个世界。既要让他们完成作业考试等学习任务，又要让他们参与家务劳动等社会任务。在教室、图书馆之外，还有运动场、公园、农场等活动空间。只要我们善于发现和引导，孩子的生活就会充满色彩和快乐。

爱君：两位爸爸果然是智慧爸爸，都能细心地体会到孩子心理情感的变化。那硕文能说说你了解到的孩子们成长过程中的快乐情况吗？

硕文：开设"智慧爸爸"课堂 5 年来，有很多孩子主动写日记，写爸爸的变化，写爸爸陪伴自己收获的快乐。跟大家分享一些快乐片段吧：

"如果爸爸是一棵参天大树，那我就是大树下一朵美丽的鲜花；如果爸爸是那片湛蓝无比的天空，那我就是在那片天空下展翅高飞的鸟儿；爸爸的爱是无形的，更是温暖的，在身边默默伴着你。"

"爸爸的陪伴是新奇的。军棋、围棋、象棋，爸爸都教我；轮滑、羽毛球、剪纸，爸爸也都支持我……种种玩法、花样，展示在我面前，爸爸什么都会。他是一个陪伴见证我成长的好爸爸！"

"爸爸理论联系实际地学习，还写下了实践感悟，成为智慧爸爸课堂的明星学员。爸爸是我的学习榜样，我爱我的明星爸爸！"

越来越多的孩子和妈妈积极参与对"智慧爸爸"的评选，展现出更多对爸爸们的认可，从首届 20% 的获奖率，提升到本届 80% 的获奖率。这让我们真真切切地感受到孩子因为爸爸的进步而快乐无比。

爱君：我们已经发现并且认识到孩子慢慢长大而兴趣在慢慢缩减的这个现状了。那我就要问一下两位爸爸了，你们作为智慧爸爸代表，各自为孩子做过哪些帮助他们发现人生乐趣的事？

闻爸：平时我也和其他的爸爸妈妈一样，与孩子一起读画册、看动画、做游戏。有一件事，我印象特别深刻。

有一次，我和女儿去卖废品，同时准备顺便把一包塑料积木放到车库里。到了楼下，看见收废品的老板身边有个小女孩。我们把废品卖给老板后，女儿忽然扯了扯我衣角，我蹲下去，女儿说："要不我们把玩具送给小女孩吧？"送好玩具后，我女儿和那个孩子都满脸的高兴和幸福。

所以，什么是幸福？我想不仅是自己快乐，还是让别人快乐。

最近有几篇小学生的网红作文，乍一看有点搞笑，甚至有点"堂·吉诃德"的诙谐。其中有一篇特别有意思，题目是《低调》，里面写道：

做人要低调。我住着 40 多亿年的地球，晒着 50 多亿年的太阳，晚上还看着 130 亿年的宇宙。你见我炫耀了吗？每天坐着价值几千万的地铁，就连我用的电脑也是微软公司创始人比尔·盖茨亲自为我量身打造的！我膨胀了吗？我骄傲了吗？没有！

我觉得，这位孩子不仅知识面广，还有足够的眼界和格局，把自己与世界关联得如此超凡脱俗。我觉得，我们应该让孩子从不同的角度来看世界，来看一草一木，也许会发现很多被忽略的美好和快乐。

爱君：闻爸让孩子感受到了"赠人玫瑰，手有余香"的快乐。你家宝贝女儿好幸福，有这样细心温暖的老爸！尤爸家好像有两个宝贝，而且都是儿子，那估计做的引导内容和闻爸有点不一样。

尤爸：我的职业是一名桥梁工程师，在一家桥梁施工企业负责施工管理工作，因为行业的特殊性经常在外地出差，在家的时间少之又少，孩子从小就缺少父亲的陪伴。为了弥补这方面的缺失，我做出了一些努力：工作之余尽量抽出时间陪他玩。组织一些集体活动，在活动中观察和发现，和同龄人相比他的优势在哪里？如何利用这些优势让他快速成长？他的缺点和不足在哪里？又该如何来弥补？我想通过组织集体活动，让孩子不会因为爸爸工作忙没时间陪他而在同龄人面前感到自卑，同时也让其他家长工作比较忙的孩子能够拥有快乐的童年。从孩子上幼儿园开始，我组织过几十次诸如爬山、骑行、烧烤、游园、学习等一系列活动。

有一次我组织南北湖爬山活动，8个幼儿园中班的娃，全程没有让父母抱一下，一起跟着我喊着口号、唱着歌爬到了鹰窠顶。4岁的小朋友能一口气爬到近200米高的山顶，让所有家长都竖起了大拇指！

还有一次活动，我印象特别深刻。幼儿园大班十几个娃，我们一起到植物园烧烤踏青。一切准备就绪时，大雨却倾盆而下。孩子们特别沮丧，这可怎么办？经过讨论，我们决定到一处宽阔的可避雨的场所将活动进行下去。恰逢有位家长是开修理厂的，空间没问题，还能避雨，环境虽然差了点，但丝毫不影响我们追求快乐的脚步。室内不能烧烤，那我们就在室外搭个雨棚；修理厂内杂物多，活动空间不够，那我们就齐动手搬开障碍物腾出空间；机械、设备太吵，说话听不见，那我们就配上喊话喇叭；没有玩具，那我们就把废旧轮胎搬出来，进行一个滚轮胎比赛。光小朋友玩还不够，家长也一起参与进来。小脚踩大脚，两人三足跑步比赛走起。妈妈们的烘焙空间也打造起来——没有案板，就把办公桌上的电脑、文件搬走。小朋友们一起动手，香肠面包、戚风蛋糕、鸡翅通通安排。外面飘泼大雨，雨棚内的烧烤热火朝天，羊肉串、烤鱼、各种海鲜、蔬菜一样都不能少。经过一段时间的玩耍，小朋友们也有点累了，接下来就该美食伺候了，烘焙、烧烤、水果、饮料，大家抢着吃更有一番独特的味道。活动结束后，所有小朋友及家长进行集体合影，记录这次特别修理厂之行。

这次活动告诉我们，快乐其实可以很简单，和环境如何、玩具怎么样、游戏样式都没有太大的关系。

通过多次的组织活动我收获颇丰：一是自己的心态变年轻了，真正地融入孩子的小集体中去，去发现他们的想法、他们的追求；二是增进了家长之间的沟通，便于共同探讨育儿经验；三是能够积极响应家校联盟的教学理念，让学校教育和家庭教育更好地融合；四是有效地培养了孩子们的社交能力、团队精神和集体责任感。

硕文：我们的"智慧爸爸团"，有热爱生活的爸爸，带着孩子养花种草泡茶；有幽默诙谐的爸爸，寓教于乐，教孩子学会乐观；有知识广博的爸爸，带着孩子探索未知的世界；还有"多功能"爸爸，是孩子学习上的良师，是游戏中的玩伴，又是运动场上的教练。现在，我分享一位智慧爸爸创作的"智慧新式足球"。

每到周末，陪儿子学习游玩是我的一大趣事。记得一个星期六的上午，我们约定做完作业一起去踢球，他早早地就把作业做完了，准备出门踢球，可遗憾的是家里的足球怎么都找不到，去买新的足球，时间也来不及了。眼看盼了一周的踢球就要泡汤了，此时他备感沮丧、兴趣全无、不知所措。我一边安慰他不要着急，一边肯定地告诉他，我们只要想办法，这球肯定能踢上。我们可以去邻居家借或者做个足球。一听我说做个足球，儿子突然灵机一动，只见他拿出一堆废报纸，奋力地揉成一团，边揉边说我们就拿这个做足球去踢吧。我看他重燃信心，那么积极、那么投入地做足球，于是我也帮着揉起来，瞬间我们父子就有默契了。我又找来宽胶带，一起在"足球"外裹上一层又一层，进行加固防水。不一会儿，"智慧新式足球"就做成了。儿子用脚踢了踢，牢固度不错，脚感也挺好，顿时他对我们的智慧无比自豪，高兴地抱起球拉着我下楼。我们一直踢到中午吃饭时间才回家，足球也完好无损。

这次制作"智慧新式足球"，不仅使我和孩子体验到做球过程和踢球的快乐，也提高了孩子对一件事情的投入度和专注力，他在以后的学习中遇见困难时也变得投入度更高。

爱君: 我觉得硕文的补充特别好, 跟着爸爸, 不仅发现兴趣、发现乐趣, 还会发现自己的榜样, 发现自己的奋斗目标。那么, 怎样才能成功地带动孩子去发现?

尤爸: 说到这个我很有感触。之前我的教育方式简单粗暴, 有时会因为无法控制情绪而动手打孩子。通过一段时间的摸索, 我发现孩子比较情绪化, 心情的好坏直接影响他的决策和效率。那我就换一个思路, 思考如何保证孩子持续的心情愉悦。我从以下五个方面入手:

1. 培养孩子的兴趣爱好

鼓励孩子多参与体育活动, 特别是竞技类项目。

2. 多到户外活动

我个人比较喜欢摩托车, 有一辆边三轮和一辆踏板车, 在空闲时间会带孩子到郊外去转一转, 去享受自然, 感受速度与激情。

3. 经常参加比赛

我经常带孩子参加一些诸如乒乓球、跆拳道、足球等体育项目的比赛, 让他感受胜利的喜悦和承受失败的挫折。他目前是个体育小达人, 在短跑、跳高等项目上成绩都很优秀, 还是校足球队成员, 曾代表学校参加市长杯足球赛并取得冠军。

4. 引导他懂得珍惜当下

我经常带孩子到桥梁施工现场, 了解桥梁建造过程, 体验施工现场的恶劣环境, 感受一线生产工人工作的辛苦。我计划今年暑假安排他到我们工厂去实践一段时间, 真正地感受一下劳动人民的疾苦, 从而更加努力地学习。

5. 培养独立生存能力

从孩子四年级开始, 教他学习一些烹饪技巧, 做一些简单的家务。

今年五一长假，我和他进行了一次四天的野外露营。四天的露营生活他基本都是在我的指导下独立完成的。在这四天时间里，他学会了烧烤、火锅、煲仔饭、菜泡饭、红烧鱼、热汤面等美食的基本做法。其间，我还教他学会了钓鱼。他性格活泼好动、做事缺乏耐心，我希望能通过钓鱼来锻炼他的专注力和耐心。

闻爸：在孩子成长过程中，通常会出现三次叛逆期：第一次在 3 岁左右，第二次在 8 岁左右，第三次在 15 岁左右。所以，孩子"不听话"，这是正常情况。其实，孩子听话是好事，但太听话未必是好事。所以，爸爸要顺其自然、顺势而为。

有位校长的做法值得思考：校园建好后，道路怎么筑？校长说，先全部铺上草坪。不多久，草坪上出现了笔直、弯曲、大小不一的道路，此时，校长让设计人员以此"按图索骥"。这样建好的校园道路，大小宽度、曲直弯度、远近程度都非常恰当，可谓至善至美。

♥ 贴心建议 ◄

爱君：在带着孩子去发现人生的乐趣这件事上，爸爸们应该怎么做？过程中要注意哪些方面？

尤爸：作为一个父亲，我觉得教育孩子需要三个关键词：陪伴、耐心、坚持。

陪伴：我要尽量多地陪伴孩子，让他们感受到我的爱和关心。虽然我的工作很忙很累，但我不会拿工作当借口。无论是出差还是加班，我都会利用每一个空闲的时间跟孩子通电话或者视频聊天。当我回到家里时，我也会尽量抽出时间跟孩子一起玩游戏或者运动。我知道孩子的成长很快，如果错过了他们的童年，就再也回不去了。

耐心：我要有足够的耐心教育孩子，让他们学会从错误中成长。我不会过分地纠结孩子做对还是做错了什么事情。我知道孩子毕竟是孩子，他们有时候会顽皮或者调皮。当他们犯错时，我不会急于责备或者惩罚他们。我会先安抚他们的情绪，然后引导他们发现问题所在，并帮助他们找到解决办法。

坚持：我会坚持用正确的方法教育孩子，让他们养成良好的习惯和品德。我会根据孩子的年龄和兴趣，给他们安排一些有益的活动，我也会跟他们一起观察一些自然现象，培养他们科学的思维和好奇心。我相信只要我坚持做好这些事情，孩子就会在我的陪伴、耐心和坚持下健康快乐地成长。

闻爸：教育是件简约而又有趣的事情。所谓简单，就是大道至简；所谓有趣，就是无限挑战。最重要的三个关键词：规律、创新、大爱。

【规律】要发现孩子的规律

规律就像空气，虽然看不见摸不着，但却无处不在。正如青出于蓝而胜于蓝，冰由水而生而寒于水。每个孩子都有自己的特点和潜能，我们要根据他们的兴趣和天赋来进行因材施教。比如，有的孩子喜欢画画，我们就可以给他们提供一些画笔和画纸，让他们自由地发挥想象力；有的孩子喜欢跑跑跳跳，我们就可以带他们去公园或者运动场，让他们尽情地释放活力。作为家长，我们不要急于求成，也不要拿孩子相互比较，更不要给孩子过多的压力。我们要耐心地观察和引导孩子，让他们按照自己的节奏和方向去成长。

【创新】要培养孩子的创新能力

创新是现代学习最重要的素养之一，它可以让孩子在不断变化的世界中保持竞争力和适应力。我们要鼓励孩子多问、多想、多做，不要拘泥于旧有的思维和方法。有一个经典的跳蚤实验：将一只跳蚤放进杯子内，结果跳蚤轻而易举就跳出了杯子。后来，实验者用一块玻璃盖住杯子，于是，跳蚤每次往上跳时，就撞到这块玻璃。又过了一些时候，实验者把这块玻璃拿掉了，结果跳蚤再也没有跳出杯子，跳得最高也无非就是到杯子口。这个实验告诉我们一个道理：如果我们总是被固定的思维或者环境所限制，就会失去创造力和进取心。所以我们要让孩子多尝试一些新鲜和有挑战性的事物，并且给他们足够的自由和空间去探索和发现。比如，我们可以让孩子学习一些和编程或者机器人等科技相关的知识和技能，让他们用自己的双手去创造和改变这个世界。

【大爱】要传递给孩子大爱的情感

我们要让孩子感受到我们对他们的爱和关心，也要教会他们去爱和关心别人。有对母子坐公交车，孩子问母亲："司机叔叔的皮肤为什么这么黑？"母亲微笑着对孩子说："因为上天想让这个世界丰富多彩，所以创造了许多不同颜色的皮肤。"孩子听了很开心，还跟司机叔叔打招呼。车到了目的地，司机叔叔不收这对母子的钱，说："谢谢你们，你们让我感受到了温暖和尊重。我小时候也问过我妈妈同样的问题，但我妈妈却说，我们黑人是低等人种。如果当时我妈妈能像你这样回答我，我可能就不会有这么多的自卑和苦恼。"这件事让我深刻地体会到了爱的力量。两位母亲都爱着自己的孩子，但却传递了不同的信息和价值观，并由此影响了孩子的成长和人生。

硕文：我非常赞同两位爸爸的观点。我也有四个方面的建议。

第一个建议：多用心去关注。

没有一个孩子会不在意爸爸的陪伴，爸爸作为榜样的影响力是非常大的。我们曾对六年级一个班爸爸的陪伴和孩子的变化做了四年的追踪调查，有很多发现。

从入学开始一直受到爸爸关注的孩子内驱力较强，他们更敢于尝试，敢于挑战自我。有一部分爸爸，是在三年级转型期发现孩子在某些方面表现不佳之后开始关注孩子，这部分孩子也能跟爸爸建立良好的亲子关系。因为三年级不论是人际交往还是学业压力，对孩子来说都有较大的改变，此时爸爸的陪伴对孩子来说就是坚强的后盾，为自己适应中年级注入力量。还有一些爸爸，是上完"智慧爸爸"课堂后，意识到爸爸角色的重要性，开始有效陪伴孩子。

几乎所有的孩子都渴望爸爸能关注自己。很多孩子在我们编辑的问卷中写道："爸爸给了我果断的力量、勇敢的力量、自信的力量。"还有一部分孩子因为爸爸而爱上数学、爱上运动等。有了爸爸的关注让自己感觉很好，觉得爸爸给了自己安全感，让自己变得开朗、自信。

第二个建议：多有质量陪伴。

很多家长常常陷入一个误区，总觉得和孩子待在一起就是在陪伴孩子。其实不然。陪伴要求家长全身心投入，了解孩子言行背后的内心需求。高质量的陪伴对于孩子的成长有着深远的意义，并不是说，爸爸陪在孩子身边就可以了。如果一边做自己的事，玩手机、聊天、上网玩游戏、看电视，一边陪着孩子，基本是无效陪伴。因为孩子真正需要的是"被看到"，而不是"被陪着"。同时，爸爸也要避免说教太多，或者期待太高，抱有太强的功利心，这样会使孩子产生抵触情绪。

第三个建议：多用肢体语言。

肢体互动语言是亲子之间传递情感非常重要的方式，通过抚摸或是拥抱，能唤醒孩子的安全感。很多爸爸对孩子爱的表达比较含蓄，不擅长用肢体语言来表达，孩子往往察觉不到爸爸沉稳而内敛的爱。孩子3

岁之后，逐渐独立。爸爸们可以用微笑向孩子传递开心愉悦、鼓励；可以专注地看着孩子，用眼睛说明"我在意你"；可以用拥抱或击掌，表达情感与支持，从而增进父亲与孩子的亲近感。

第四个建议：多参与关键时刻。

每个孩子的成长过程中，都有很多关键时刻，比如第一天入学，第一次上台表演，第一次参加亲子运动会，第一次竞选班干部，等等，都会让孩子记住一生，影响他们一世。这时候，爸爸们能及时与孩子一起参加活动，分享成功与快乐，或者说用"仪式感"的传递，让孩子感受到自己在爸爸心里很重要，爸爸没有缺席成长路上的每个重要节点、时刻，这些对于孩子来说都极其重要。

爱君：今天两位爸爸的分享让我想起一个成语。我们常常称赞一种优秀的品质叫"侠骨柔情"，"柔情"多数时候来自妈妈，而"侠骨"则很多时候受到爸爸的引导。"侠骨柔情"可以带给孩子丰满的情感、丰富的人生，让孩子既能体验人生的快乐，也能应对生活的考验。

跟着爸爸去发现，会发现很多人生深处的美好和幸福。爸爸们，孩子们，行动起来吧！

第二篇章

跟着爸爸去收获成长

陪伴是最好的爱。爸爸的陪伴不仅能给孩子更多的安全感，也能从多方面给孩子赋能。教育无小事，无论日常的工作、生活有多么忙碌，请做一个有心、用心的爸爸，更多地关注孩子成长过程中的点点滴滴。

　　智慧爸爸是怎样走进孩子内心的？怎样帮孩子将心动变成行动？多子女爸爸怎样为亲情赋能？怎样引导孩子让友谊的小船行稳致远？跟着爸爸们一起收获成长吧！

看爸爸怎样
走进孩子内心

爸爸简介

张瑾（张爸）　　生物学教授　　家有一女

尚宏（尚爸）　　国企管理人员　　家有一女

导语

孩子逐渐长大，开始有了自己的"小秘密"，家长怎样做，才能始终和孩子心贴心？

孩子娇生惯养备受宠爱，听不得半点批评，当他们做错事的时候，爸爸怎样说理才会让他们心服口服？

孩子喜欢追星，爸爸怎样帮助纠正，以免成为"发烧友"？

 智慧论坛

爱君：今天总共要问 10 个问题，就像通关游戏一样，一关一关，看两位爸爸怎样打怪升级，看硕文怎样评价和指导。

第一问：请两位爸爸自我评价一下和孩子的关系，其中哪些是自己比较满意的地方？

张爸：我与女儿之间的关系是亲密的、信任的。走在外边，她喜欢拉着我的手，或者依靠在我身上。在女儿很小的时候，我告诉她：爸爸会为你遮风挡雨！所以，现在如果偶尔遇到下雨天，她就会挤进我的怀中，并说："爸爸要为我遮风挡雨。"女儿会和我分享内心世界，我也会

和她谈我工作的烦恼，总之，我们是互相信任的。

尚爸：我和女儿之间的关系，可以用"纸"来形容，不是一撕就破的纸，而是答题纸（草稿纸）。因为我和女儿的交流多为漫谈式、随机性的，从小到大，和她对话问答已经是一种生活常态，所以感觉就如同是一页页的答题纸。

硕文：两位爸爸，一位是为女儿遮风挡雨的伞，一位是女儿学习过程中的答题纸，各自都显示了亲子关系的融洽度。在融洽的关系中不断地回应孩子，会有助于亲子关系更融洽。其实，在孩子小时候建立融洽的亲子关系不难，但张爸和尚爸的女儿已经是初中生，能与青春期女孩一直保持良好的沟通状态，甚至无话不谈，其中必有高招，我们得好好聆听。

爱君：第二问：都说"冰冻三尺非一日之寒"，美好的亲子关系也不是一日养成的。你们的孩子读小学时，有什么快乐交流的故事和经验？请两位爸爸分享一下。

张爸：在女儿小的时候，无论我多么忙，每天下班后都会陪她玩。我们"发明"了很多属于我们自己的游戏：比如参考排球规则来打气球，制定了很多特有的规则，让运动变得有趣。还有给她讲睡前故事，都是我的原创。在故事中，我塑造了一个完美的主角 Hello Kitty，就代表着女儿，而女儿的缺点、不足甚至近期犯的错误，我就会放在故事中的其他角色（小黑猫、小花猫）身上，然后让 Hello Kitty 帮助他们。通过睡前故事，帮助她认识自己的不足，改正提升。最典型的就是早晨她不喜欢喝牛奶，听过故事后，第二天早晨主动要求喝牛奶。

此外，我们家的晚餐时光叫作 family time（家庭时间），就是吃饭的时候，彼此分享自己的一天，而且是三个人轮流做主持人。孩子主持的时候，她可以问我们问题以及点评我们的回应。这样一来，我们不仅能了解孩子的情况，还能让孩子与大人平等地交流。

爱君：这样的父女关系和家庭氛围真的好温馨啊！

尚爸：从小到大和女儿聊天交流，是我生活中最愉快的事情，我想也是她喜欢的一件事。

记得女儿很小的时候，刚刚开始睡自己房间的小床，晚上一洗好澡就叫我陪她聊天，不是讲什么童话故事，而是天南海北胡侃。她把每天晚上这个固定节目取名叫"全书说事"（浙江经视每天八点半《经视新闻》里有一档固定栏目"泉叔说事"，主持人泉叔就当天的经济社会热点新闻进行点评。女儿小时候经常陪我一起看这个栏目。她每天睡觉前叫我陪她聊天，这便成了我们家的"泉（全）叔（书）说事"）。她会叫我"泉（全）叔（书）快来"。当时她大概是幼儿园大班，跟她聊什么都喜欢听，还会提一些问题和见解。

我感觉三年级以后，这样的交流确实是慢慢开始减少了。现在她大了，会选择性地听我讲的东西。

爱君：硕文作为指导教师，请根据孩子的成长规律和亲子关系发展规律，解释为什么我们以三年级为时间线？

硕文：一般来讲，人脑的发育有两个"迅猛发展期"：一个是从出生后到三四岁左右这个阶段，另一个是 10 岁左右。也就是说，孩子上四年级时，他们正处于大脑发育的第二个关键期。

生物学家研究表明，孩子在 10 岁左右，虽然大脑的重量不再有明显的增加，但脑细胞内部的结构在进一步复杂化，大脑的各项功能也逐渐趋于成熟。由于大脑结构的复杂和功能的成熟，四年级孩子的心理特点将会发生明显的变化。

仿佛一夜之间，孩子就长大了。长大就会产生"成长的烦恼"，一些孩子开始有心事了，会写信给"知心姐姐"了。这时，孩子的自我意识开始萌芽，希望家长能把他们当作大孩子。孩子开始从被动学习向主动学习转变，开始思考一些价值的意义，需要有一个值得他们去追逐的梦……

爱君：第三问是：现在的娃都难接受批评，女儿更是小公主，重话都舍不得对她们说，两位爸爸一般是怎样对女儿进行批评指正的？

刚才张爸讲了自己用关于猫的童话故事对女儿进行侧面提醒，那么到三年级之后，这样的方法仍有较好的效果吗？或者说，孩子慢慢长大，方式也在转变？

张爸：好像是到了四年级，睡前故事就慢慢停下来了。记得六年级有一个晚上，她要求我再讲一个 Hello Kitty 的故事，她听得很兴奋，好像又回到小时候了。

现在，当我们认为她有需要改正的问题，我们会很真诚、平静地和她谈话，告诉她这个问题，也询问她，你自己怎么看？

尚爸：我记得我们大概也是四年级的时候"全书说事"就慢慢"停播"了。这也说明孩子在慢慢成就自己独立的人格。这个时候可能会觉得孩子没有小时候可爱了，但更有思想性了。所以我一般不大会很直接地批评孩子，而是现身说法，以自己当年的一些经验教训和她分享，哪些是正确的，哪些是错误的，举一些正反两方面的例子，同时稍带点一下她的一些类似的不足。

爱君：硕文觉得两位爸爸的做法怎样？对小学中高段的男生和女生，家长们怎样批评比较好？

硕文：我做过不少这类的辅导，发现不被父母理解的孩子更容易滋生出"玻璃心"。"玻璃心"的男孩女孩会出现情绪低落和波动，消极想法经常会占据他们的大脑。

怎样去除孩子的"玻璃心"？得把孩子的消极想法转变为积极想法。我在"智慧爸爸"课堂中着重讨论过一个话题：怎样让孩子面对失败。这方面，尚爸和张爸都有实践经验。

张爸：我的女儿就有一点"玻璃心"，她很在意别人对她的评价，甚至经常把别人给她的建议误解为批评。面对这种情况，我们没有很担心，也没有刻意去谈这个问题。因为我们认为"玻璃心"在一定程度上，是自尊心强的一种表现，也不完全是坏事。同时，我们希望能帮助她增强抗挫折能力。所以，有时候我和女儿听到某个社会热点问题，比如"杭州外卖小哥跳江救落水者"，我就会邀请她一起来讨论，而且设置好前提：我会选择与你对立的观点，每个人在讨论中都不许有情绪、不许生气。这样，我会刻意地否定她的观点，她需要积极思考如何应对我的否定，并寻找我观点的漏洞或错误。这样的情况下，她面对否定就不会敏感，"玻璃心"特质也就没有表现出来。

尚爸：2018 年 12 月，我参与"智慧爸爸"的课堂分享，到现在仍是记忆犹新，老师精心安排的"搭积木"环节（"搭积木"：爸爸们比谁积木搭得高。大家都是想方设法尽可能搭得高，但搭得越高，最后倒下的时候声音就越大，场面就越是狼藉），给我很多启发和感触，对于孩子成长中如何面对挫折和失败有了新的认识。

我女儿一到三年级，连续获得"三好生"。四年级海选竞聘大队委，女儿也获得了入选资格。那天放学我去接她，她就拿着报名表让我看。我跟她说，你现在是四年级，虽然入围了，但最终选上的可能性不是很大，但可以积极参与，对锻炼自己的能力蛮有好处的。参选的过程基本和我预判的一致，她顺利通过了初选和复选，但在最后决选环节失败了。然而这还不是结束。大队委落选后，没过几天，班里重新选举中队委，她三年级是班里的中队委，结果这次连中队委也落选了，只当选了小队委。

从离大队委一步之遥到变成小队委，落差确实有点大。虽然做了思想工作，但我发现这还是给她带来了消极影响，这一点女儿自己也不否认。我正好听了沈老师的课，就把搭积木的那个游戏跟她说了，并告诉她：你可能就是因为比其他落选的同学搭得高了点，所以摔得有点重，有点疼。如果你第一轮就淘汰了，可能要好一点；如果班里中队委还是当选了也会好一点，对吧？她想了想，说是这样的。我跟她说："真的没关系的。"她说："爸爸你怎么跟刘翔一样，老是把'没关系'挂嘴上啊。"（当时女儿迷上了刘翔的传记，自己在图书馆借了书，还在网上找刘翔比赛的视频，其中有一段是刘翔在世界大赛中被对手罗伯斯干扰痛失金牌后，非常大度地反复说"没关系"）。我说："对啊，刘翔那么厉害，快到手的金牌都丢了，失败了也说'没关系'，你这点事算什么啊……"

积木并不是搭得越高越好，搭得高，倒得晚，可能摔得重，摔得疼。我想，孩子一帆风顺地成长固然好，但<u>教会孩子如何面对挫折和失败也是作为父亲的必修课</u>。让孩子早一点面对挫折和失败，未必是一件坏事情。孩子未来的人生道路很长，父母也不可能永远陪伴她，早一点面对挫折和失败，也许可以使她更加稳健、健康地成长，使她拥有一颗坚强的心。

硕文：我们可以说"爸爸看到你已经很努力了，只是暂时没成功。你能承受多大的失败，今后就能取得多大的成功。失败不可怕，害怕失败才可怕"。我们还要跟孩子一起积极实践。不要等到心情愉悦、有十足把握时才付诸行动，朝着既定目标，立即行动，孩子就会形成积极思维和乐观的人生态度。

对于孩子的批评，我给家长们提供艺术"三招"。

第一招：事实陈述法

有家长可能会问，孩子犯了错不批评哪能行啊？可是不少孩子犯错往往是无心之举，故意犯错的少，有时犯错过程中他们都不知道。你直接批评他们，他们哪愿意承认呢？

用陈述性语气和孩子一起回忆事情发生的经过，当把事情完整地描述一遍后，如切葱段一样，让孩子逐段去判断对与错。在这个过程中，家长要做的就是不断肯定与鼓励孩子。

第二招：曲线提示法

孩子犯错后，家长可以采取曲线提示的方法，即你不讲他犯了什么错，而是从启发孩子学会自我保护入手，避免因为忽视遵守纪律而被老师批评，或者与同学发生矛盾等。再列举一两件事例，孩子就会敏感地自己对号入座。

第三招：积极语言法

和孩子朝夕相处的日子里，家长一定要用真诚和热情面对孩子，注意沟通语言的积极性，应用积极语言，提高孩子的积极情绪，降低沟通中的消极情绪。只要孩子体验到爱、亲情和归属感，在心理上就不会有排斥感，到这一步时，亲子沟通和正面教育便能产生效果。

爱君：硕文的方法真给力！通俗易懂，简单明了，好操作！

第四问：觉得孩子好像有自己的主见了，或者说，印象中比较严重的一次吵架（冲突）是什么时候（孩子几岁）？什么事情？过程如何？结果如何？

张爸：我喜欢孩子有主见。我自己遇到事情，也经常会问她的意见：我该怎么办？但生活中还是有问题的。记得印象最深的一件事是这样的：

四年级的时候，一天晚上，女儿多次顶撞妈妈，不尊重妈妈。这属于品格问题，所以我严厉地批评了她。她很痛苦，哭得很凶，但不服气，也不道歉。我动用了戒尺（很早就准备了，摆在很醒目的位置，但一直未使用），打了她的手掌。她哭着回了自己的房间。第二天早晨她就好了，主动来找我，承认了自己的错误。

我想，这件事有这样的结果，得益于我和女儿有亲密的、彼此信任的关系，所以不会因为管教而产生疏远。

尚爸：现在的孩子都比较有主见。我和女儿主要的矛盾冲突点，还是自律方面的问题，尤其是电子产品的使用和作息时间方面，到小学高年级就比较突出了。

有一次在暑假里，晚上十一点多女儿还在看手机。我一开始先把网线拔了，没有用，一怒之下，就打开电箱把电闸给拉了。后来她虽然有所改观，但变化不大，我也没有再干拉闸的事情。她前几天回来，还是晚睡，睡觉前还玩手机，结果发烧了，也算是给她一点教训吧。

我想，让孩子自己意识到错误，比家长一味督促来得更好一些。

爱君：硕文怎么看待和评价这两个吵架（冲突）事件？

硕文：一个家庭中发生争吵是很正常的一件事情，但是一旦矛盾被激化，可能会造成亲人关系之间出现裂痕。当孩子在家中与妈妈发生冲突时，爸爸是非常重要的一个角色。如果爸爸表示沉默，这对孩子来说是一种默许和纵容。爸爸在很多时候需要做好家庭的润滑剂，在让孩子意识到自己错误的同时，也让妻子心情变得平静，反思自己身上存在的不足。这两位智慧爸爸就是家庭的润滑剂。

爱君：第五问是：冷静之后，爸爸面对"孩子长大了"这个现实，内心感想如何？

张爸：我是欣然接纳的。现在很多方面女儿已经比我强，比如认路、跳绳、桌式足球等方面。

尚爸：这一点我跟张爸的观点基本相同。虽然有所不舍，但孩子总要长大。我想女儿一定会比我强。感谢孩子给我带来的美好回忆和人生经历。

爱君：我们请硕文解读"孩子长大了"究竟是什么时候，怎样才算是"长大了"？点评一下两位爸爸的表现。

硕文：我认为，孩子长大的标志之一就是从学会质疑开始。孩子在小的时候，对外界的认知基本来自父母，而且那时候呢，孩子对父母是非常信任的。但是随着孩子慢慢长大，他的信息来源不仅仅是父母了，对事物的认知就会越来越全面。当孩子对事物的认知越来越全面的时候，他就会发现父母在某些认知上的局限。这时，孩子就会产生思维上的冲突，从自我质疑到自我冲突，再到自我评判。孩子主观世界的评判有可能跟父母是一样的，也有可能是不一样的，最终沉淀出客观世界的真实标准。所以，两位爸爸对孩子长大了的欣然接纳是非常睿智的。

爱君：名师出高徒，看得出硕文对自己的两位学员很满意。

第六问：孩子有和妈妈闹过不愉快吗？这个时候，爸爸是怎么做的？

张爸：在四年级时候，因为练习钢琴，她们之间的冲突很多。我的做法是：三个人坐下来，孩子和妈妈轮流讲述自己的道理，但不允许插对方的话，这样就有效地避免了进一步的争吵。然后我们一起对情况进行客观的分析，明确每个人做得好的地方和不足的地方。通常而言，两个人都有不足的地方，所以，最后要求她们互相道歉、和好、拥抱。这种做法大多数时候是有效的，因为双方已经冷静下来了。

尚爸：我家女儿和妈妈基本上没有闹过不愉快。毕竟是女孩子嘛，有时候会有一些小脾气、小矛盾，但很快就过去了。不记得她们俩有什么大的冲突。可能我女儿性格有点女汉子型。

爱君：我家也是女儿，她平日里和爸爸是真的相亲相爱，和我则属于要保持适当距离的，可能她觉得我太严格，压力大。我现在也学"乖"了。不过家庭嘛，牙齿和舌头的摩擦难免，这也是人生烟火气。

第七问：孩子是爸爸妈妈心中的宝贝，我们为了让孩子更优秀，常常会忽略优点而看到缺点，或者是看到优点也不提出来。今天我想请两位爸爸来说说孩子的优点，或者说说孩子身上有哪些让自己觉得最欣赏、最骄傲的素质和行为？

张爸：我女儿特别有爱心，她很关注需要帮助、照顾的同学。她也很勤奋，非常认真地完成作业、预习等任务。

尚爸：我感觉我女儿最大的特点就是学习上虽然不是特别出色，但各方面综合能力还不错；进入初中以后，适应环境能力比较强，比较关心同学，也是任课老师的好帮手。初一开学的那会儿，适逢《觉醒年代》热播，我女儿也关注了这部剧。我把胡适先生的"大胆设想，小心求证"这八个字作为给她的赠言，她入学以后把这八个字作为自己学习小组的座右铭，学习上更富有探究精神。

爱君：硕文老师也点评一下这两个孩子，好不好？

硕文：这两个孩子，都是班里充满爱心的心理委员，在小学毕业前，她俩的班主任分别写了这样的寄语：

尚同学是一个很有韧性的孩子，虽然平时言语不多，但是内心蕴含着巨大的能量。我见证了她一步一步成为更好的自己。作为学生，她懂得扎实地付出，是知识的收获者；作为班委，她知晓尽己所能，是老师的好帮手；作为心理委员，她善于从多角度思考问题，是同学的知心人。努力向阳奔跑的尚同学，一定能遇见最美好的自己。

——班主任沈滢老师

张同学酷爱看课外书，读书笔记做得特别精彩，不仅有对作品独到的见解，而且制作也相当精美。她还是一个善解人意、乖巧懂事的女孩。同学学习上有什么疑问，她有问必答，生活中有什么烦心事，也会和她促膝长谈，有什么要帮助的，她有求必应。她是班级里的知心姐姐，深受老师和同学们的喜欢。她还是一个多才多艺的孩子，钢琴、绘画……都是一把好手！

——班主任谢明芳老师

爱君：好孩子总是和好爸爸、好老师成群结队地出现！

第八问：孩子步入少年，逐渐长成青年，对他们的未来，爸爸们有怎样的准备？是否有自信孩子会和爸爸妈妈商量着往前走？如果孩子要按照自己的选择，爸爸们会尊重祝福，还是语重心长地劝解和要求？

张爸：我相信重要的时候，孩子会征求我们的意见的。我们在给出建议的同时，也会尊重她自己的选择。

尚爸：女儿从小比较有主见，她说要自己掌握自己的命运。我说相信你的选择会比我更加智慧，相信你能把握好自己。

我想还是让她做自己喜欢的事情，学习自己喜欢的课程，将来从事自己喜欢的工作。兴趣是最好的老师嘛！

爱君：硕文老师怎么看？

硕文：我们要注意时代环境的变化。在跟中学生家长交流的过程中，我发现不少家长喜欢给孩子规划"路径"，比如学什么专业今后好就业，做什么工作比较稳定。父母觉得自己经历得多，有足够的经验来指引孩子将来的方向，甚至希望把自身过往的经验复刻在孩子身上。但现在是数字化和信息化时代，很多过往的经验是会被迭代和优化的。所以，我非常赞同两位爸爸的观点：营造适合孩子自由生长的空间和环境，尊重孩子的自主选择。当然，在尊重的同时，还要做好引导、陪伴，还有保护。

爱君：好的，两位爸爸分享了很多方法和秘诀。

第九问：两位爸爸最大的育儿心得是什么？

张爸：高质量的陪伴。在她小的时候，我陪她玩；在她阅读的时候，我和她探讨书中的内容；在她学习的时候，我帮助她解决难题。所以，我是她爸爸，也是她朋友。

爱君：张爸言简意赅，字字有力，内涵丰富！尚爸呢？

尚爸：对孩子的陪伴是否高质量，是否有效，对于家长来说也是一张分量不轻的考卷。我感受比较深的有两点：一是陪孩子参观展馆，特别是美术馆、博物馆、科技馆、名人故居等，对孩子开阔眼界，提高认知能力、人文素养是很有帮助的。另外一个是接送，接送其实是一个很好的和孩子沟通交流的载体。我是从女儿上幼儿园开始坚持接送的，很多有趣的对话是发生在接送的路途上，总是觉得路程太短。

爱君：硕文有补充吗？

硕文：陪伴孩子的过程，就是充分了解孩子的过程。想要充分了解孩子的思想，就是要进行深度沟通，深度沟通的前提是建立和谐的气氛，还要精准地捕捉信息。所以，有效和有温度的陪伴是基础。

♥ 贴心建议 ◀

爱君：第十问：对其他爸爸有什么关于亲子沟通的建议和提醒？

张爸：三个关键词：尊重、聆听、陪伴。

尊重：孩子是一个独立的个体，既不是我们完成未遂心愿的替代，也不是我们炫耀的资本。

聆听：听懂孩子的倾诉与要求，尤其能听懂孩子语言背后的含义，是高质量沟通的秘诀。

陪伴：陪孩子做他（她）喜欢的事情，陪他（她）一起开心，陪他（她）一起失落，不需要讲太多道理。

尚爸：我也深有体会。我认为在陪伴孩子长大的过程中，要树立两个"早一点"的意识：

一是早一点让孩子面对失败的考验。不少优秀的孩子出现心理问题，就是因为不能正确面对失败。沈老师是心理名师，了解的这样的案例应该很多。我一直比较注重和孩子这方面的沟通交流，让孩子具备一定的抗挫力。

二是孩子已经到了青春期，在把握大方向的前提下，家长应该思考如何早一点放手。刚才讲的高质量陪伴、全过程陪伴、良好的亲子沟通，和早一点放手是一点都不矛盾的，高质量陪伴恰恰是为早一点放手打下坚实的基础。授人以鱼，不如授人以渔。

爱君：关于打开孩子心门的方法，硕文还有补充提醒吗？

硕文：我总结了关闭孩子心门的"四把心锁"和打开孩子心门的"四把钥匙"。

四把心锁：否定锁、要求锁、敷衍锁、说教锁。

1."否定锁"：否定孩子的意见及感受

示例：

子：我不想参加学校的演讲比赛，我有些害怕……

父：这有什么可怕的！你别这么胆小。你看别人……

子：我觉得学数学好难啊！

父：不难啊，这不就是你这个年龄段该学的吗，我还没让你做奥数呢！

2. 要求锁：聊天内容永远和学习要求有关

下班回到家，看见孩子兴致勃勃地在玩。你忍不住会问："琴练了没？""功课写完了没？""今天学校考试了没？""周末的钢琴考级你准备得怎么样了？"……聊天内容永远和学习有关，孩子的好兴致被你一扫而光。

3. 敷衍锁：聊天态度敷衍

孩子和你说话的时候，你一边听着一边眼睛看着手机；或者孩子兴致勃勃，你只有"嗯、啊、哦"等语气词；孩子问你具体意见，你笼统地回答"你自己定吧，爸爸会支持你"。

4. 说教锁：交流只讲道理，单向输出

很多家长都表示要与孩子好好沟通，也知道一味地对孩子唠叨、说教起不到多大作用。但是一遇到孩子与自己意见相左，或不"听话"，家长就滔滔不绝，试图说一大堆道理去说服孩子。这样的"单向输出"会导致亲子沟通缺少温度，缺少亲情和爱，孩子自然会闭上嘴，开启"自动屏蔽"模式。

孩子的心门一旦关闭，沟通就会形成沟壑。家长要学会及时巧妙地打开孩子健康成长的心门。我这里有四把钥匙供大家选择：彩虹钥匙、

技术钥匙、定制钥匙、预备钥匙。

1. 彩虹钥匙：不同关键点的沟通

孩子想分享他的快乐时，你需要脚步轻快、声调上扬，把他的快乐继续传递。孩子遇到挫折时，你需要倾听式沟通，接收他的负面情绪，努力转换成积极情绪。孩子遇到难题要解决时，你需要商讨式沟通，在沟通中写出几种解决方案，让孩子自己去选择。只要有成长的烦恼，就有沟通的需要。

2. 技术钥匙：不同形式的沟通

孩子在成长的过程中，父母的沟通形式也需要多元化。特别是与青春期的孩子沟通，家长还要学习这三种沟通技术：接话技术、问题处理技术、统一战线技术。这些都是很有技术含量的沟通，有时还需要父母配合，打"组合拳"。

3. 定制钥匙：沟通前的充分准备

如果是跟孩子沟通学校里发生的事，沟通前要详细了解事件的整个过程，可以跟孩子的老师先沟通，听听老师的建议，也可以听听孩子班里同学的观察发现。有了充分的准备后，沟通才能产生效果。

4. 预备钥匙：沟通后的持续关注

与孩子沟通后，不论当下效果如何，都要持续关注孩子的心理和行为变化，如果一次沟通达不到效果，可以开展家庭会议，进行第二次、第三次的持续沟通。

爱君：在今天的直播中，两位智慧爸爸给出了很多好办法好经验，硕文也给出了"金钥匙"。相信今天观看直播的爸爸们都会成为孩子们的好朋友！

第六课

看爸爸怎样帮孩子
将心动变行动

爸爸简介

夏伟民（夏爸）　　外企管理人员　　家有一儿

王宏伟（王爸）　　数学教师　　　　家有一儿

 **导语**

　　学习了一天回到家，父母的期待是孩子先温习功课再玩一小会儿放松一下，但孩子往往会反过来，而且一刷手机就停不下来；说好了每天练琴一个小时却只坚持了一个星期；遇到数学难题不肯讨教只想逃避……

　　有人说，一个人变得优秀需要做好三件事：一是阅读，二是运动，三是自律。我们聊过了运动，聊过了阅读，今天我们来聊自律。

 **智慧论坛**

　　爱君：从心动到行动，最根本的动力，是自律。所以，我们今天要聊的，其实是"怎样让我们的孩子养成自律的好习惯"。硕文，你还记得我们小时候经常听到的一句话吗？"老师在和不在一个样！"

　　硕文：是的，在小学阶段，学生们正处于身心发展的关键时期，他们的自控力和意志力尚未完全成熟。因此，当没有老师在场时，他们往往容易放松对自己的要求，难以保持专注和自律。在这种情况下，养成良好的自我约束力就显得尤为重要。

我一直坚信一句话：获得低级的快乐往往只需要放纵自己的自由，而要获得高级的快乐则必须通过自律来实现。这句话的含义是，放纵自己的自由只会带来短暂的快乐和满足感，而通过自律和自我约束，我们可以实现更长远的目标和更高的成就。

夏爸：我经常跟孩子说"越自律，越自由"，还买了《越自律 越自由》一书，与孩子一起看。

爱君：我觉得这话其实说的就是自律。我想问一直从事教育事业的王爸，现在还会和孩子们说这句话吗？

王爸：我们很多老师还会跟孩子们说这样的话。这是学生自觉遵守班级规章制度的表现，是学生自律的一种体现。

爱君：对。我还想起中国有句古话："人在做，天在看。"其实也是说自律，心头有敬畏，不敢做有违良心的事。不过我刚才这句话，说的是因为自律，而不去做某些事。

我们今天要聊的关于孩子成长过程中的自律，其实是在没有外部压力的情况下，自己主动去做一些事。硕文，你觉得我对这个新时代新环境下自律的定义，是否正确？

硕文：我完全同意爱君的这个观点。所谓真正的自律，不只是说不去做什么，而是明确地知道应该去做什么，并且坚持下去。这意味着需要有清晰的价值观和目标，以及对个人行为的自我约束和控制。这就是由自律达到热爱。自由从何而来，从自信来，而自信则是从自律来。

爱君：王爸，您对这个关于孩子成长中的"自律"的定义，怎么看？还有补充吗？

王爸：自律，简单的理解就是自己约束自己。自律是一种自省、自觉、自爱，亦是一种修养，让自己永远充满积极向上的一股力量。

关于孩子成长中的"自律"，我觉得这里的"律"有两个方面的含义需要我们思考。首先作为名词，理解为"规则、法则"，孩子自律的内容是什么？其次是作为动词，理解为"约束"，如何培养孩子自我约束自我管理的能力？

爱君：说得真好！夏爸是企业管理人员，有没有在工作中发现管理员工和指导孩子成长方面，有一些相似之处？

夏爸：是的，还是有很多相似之处的。我做的是生产管理工作，是要讲绩效的，有时候需要做员工的思想工作。这和平时对孩子的教育很相似，评估孩子的作业量，考核完成情况，孩子情绪不好的时候也要开导做思想工作。

爱君：好，到这里，我们把今天要聊的关于孩子成长过程中的自律进行了一些诠释和界定。接下来可以围绕中心来说方法和经验了。

先来说说，我们看到的孩子成长过程中有哪些不够自律的现象。

夏爸：经常会遇到这样的情况，就是和孩子约定明天做什么，孩子都是满口答应，但实际到了时间却拖延不完成。

王爸：除了夏爸说的现象之外，还有一种表现——孩子是"知理"的，知道什么是好的表现，什么是不好的表现，就是做不到，言行不一。

硕文：言行不一对于小学阶段的孩子来说，其实是一种客观的常态，往往取决于这些事件在孩子心里的价值排序。因为这个阶段的孩子对价值的认知度还不够清晰。所以像王爸说的，他们知道事件的利弊，但是边界感不强烈，有时候容易释放自己的任性行为。

爱君：硕文能否从心理角度来分析，说说为什么孩子们会出现这样"该去做却拖延着不肯去做"的现象？

硕文：一般而言，"拖延症"指的不仅是一种行为现象，也是一种心理现象。这些行为背后的心理原因是多方面的。

一是自卑心理。自信心不足，以前完成的任务总不能使自己感到满意，或者不能从父母那里得到肯定，有时父母的不断催促不仅会让孩子迷失自己，还会降低自尊，内心的自我效能感越来越低，以至于下次再有学习任务甚至是去上学，都拖着不想去做。

二是逃避心理。逃避心理的出现与孩子对任务的判断有关。比如当前的任务太困难，有自主失控感，在完成任务之前就会让自己陷入很多焦虑之中，所以逃避任务，这些心理的外在表现就是拖延症。

三是依赖心理。有些父母嫌孩子动作慢，嫌孩子自理能力差，就自己上手帮孩子解决。父母在生活中"过度代劳""过度宠溺"，时间一长，孩子就会养成依赖心理，缺乏自己动手的能力，很难在合理的时间内做完该做的事情。

四是反抗心理。孩子有抵触心理、逆反心理，不仅容易分心，还容易跟爸妈唱反调，爸妈越催促他越慢悠悠。

另外，还有孩子本身**发育成长阶段性问题**，缺乏时间观念，时间管理能力不强。**兴趣问题**，孩子对做的事情没有兴趣、兴趣不大，往往会觉得乏力、无聊。

总的来说，改变孩子的拖延症需要家长进行正确的沟通与引导。这些年我接触的家庭辅导中，孩子的"太磨蹭""不主动"和爸爸妈妈的"急性子""管太多"是有强关联性的。一些家长性格急躁、期望值高或控制欲强，经常被父母催促来催促去，孩子会质疑自己的生活节奏，认为是自己出了问题，要么逐渐认同父母而变成一个同样焦虑的人，要么以一种极为拖沓的方式生活，以此表达对父母的对抗。

爱君：硕文能否给一些具体可行的方法？

硕文：要改变孩子的"拖沓"行为，我建议父母们，要营造两个环境，培养三个能力。

营造健康的心理环境

其实人人都有舒适区，孩子的拖延症也跟成人相同，就是为了在舒适区多待一会儿。如果我们不了解孩子产生拖延的原因，一味地抱怨，其实就给孩子的健康心理又加上了一把锁。正确的方式是给孩子更高质量的爱、更多的陪伴和包容，而不是用"无效催促"站在孩子的对立面。不要给孩子唠唠叨叨的环境，多用非言语信息，一个温暖的拥抱胜过千言万语，多表达爱和感受。

营造合理的物理环境

环境影响很重要，尽量减少干扰孩子注意力的不必要的物品，家里收拾得干净整洁，学习用品摆放位置合理、便于取用。布置温馨舒适的物理环境时，要多听听孩子的想法；也可以站在孩子的角度，以孩子的视角，看看更喜欢怎样的摆放方式。

培养自我情绪管理能力

拖延的本质，是人的大脑对于情绪反应的部分过于敏感，而对于情绪调控的部分功能又太弱。由于情绪调控功能太弱，因此孩子们不知道怎么调整自己的厌烦情绪，或者干脆选择逃避。此时，要让孩子直面自己的情绪，拖延是一种心态的折射，想要改掉拖延，必须先让孩子了解自己的真实想法。

培养自我时间管理能力

让孩子对自己的待做事件有一个清晰的时间计划，增强孩子的自我时间感，可以利用"小目标速度测定法"，看看完成一个设定的小目标需要多长时间。孩子会意识到：我能这么快完成呀！同时也让孩子承担不守时的后果。相信很多家长虽然明白其中的道理，但就是不舍得孩子。比如，孩子早晨起床磨蹭，家长急得不得了，又是嚷嚷，又是亲自给孩子系纽扣，可孩子却一点也不急。正确的做法是，当孩子磨蹭的时候，家长不要急，让孩子急。如果孩子迟到，老师肯定会问他原因。孩子得到教育后，就会认识到磨蹭带来的坏处，第二天就会加快速度。

培养自我习惯管理能力

首先是责任感的培养，这不是不断地给孩子下达指令或者提要求，而是要在跟他们有关系的事情上让他们学会自主选择，有自我负责意识。还有就是学习习惯的养成（比如错题整理，先做作业，睡前整理书包），生活习惯的养成（比如按时作息，合理饮食），行为习惯的养成（比如洗漱，衣服整理）。

> 积极心理学专家肖恩·埃科尔提出 20 秒启动法则：即如果一件事需要的启动能量大于 20 秒，那么这件事就很难启动；如果启动能量小于 20 秒，做起来就很容易。

如果孩子有赖床的习惯，那把衣服放在孩子触手可及的地方，起床是不是容易些？家长可以举一反三，将 20 秒启动法则创新应用于孩子生活的各个方面。

爱君：是的，我记得以前听专家报告，报告快结束的时候，专家略带调侃地说："友情提醒：我知道你们现在听得很激动，回去的路上还很心动，甚至规划也写好了，不过到了最后往往没有行动。"

没有行动，规划就始终在墙上，在抽屉里，在电脑里。特别是，常常会因为这样，我们在要求孩子去执行的时候，也变得没有底气了。

硕文：是的，制订规划很简单，难在执行。疫情居家学习期间，我们都让孩子制订了学习规划，并且让孩子每天打卡，定期线上交流，持续鼓励。这样做的目的就是避免孩子"三天打鱼两天晒网"。

爱君：我记得以前中学时的语文课，老师分析某位古人一生抑郁不得志的原因之一是"志大才疏"。我的理解是：志气很高，行动力很弱，所以事情总做不成。现在我们从自身做起，每个人来说一个自己在自律方面做得比较满意的例子，以及自己觉得不够自律而有些惭愧希望今后要加强的例子。

我先说——我自律的是：坚持了纸质阅读和每天睡觉前的"三省吾身"，以及最近 3 年来的每天跑步。不够自律的是，一直想练习书法却从来没有开始，字帖买了很多，却一直"光说不练"。

硕文：听到爱君的例子，我记起了我喜欢的一位女作家——严歌苓，她写过一篇文章《写作是自律并坚持的日常生活》。她经历过军队生涯的磨炼，用自律和行动突破了眼前和心理的障碍。就我自己来说，越深耕自己的专业，有时候越会有种书到用时方恨少的感觉，所以这些年，我每天晚上坚持读书或听书，经常进行思考和整理。

王爸：我对"自律"的理解比较宽泛，没有具体到某一件事。我认为，"自律"首先是原则和底线，什么事不能做就坚持不做；其次是尽力，尽自己的努力做好当下的事。我觉得自己在"自我情绪管理"上还要提高自律的能力。

夏爸：我在自律上可能和我儿子都有不好的地方，就是控制体重。每次我做了美味饭菜的时候，就是控制不了加饭，再加点饭。自律上做得比较好的例子就是我和孩子约定的"父子阅读比赛"，每年评比一次，年底孩子妈妈评比并颁奖，颁发奖状和奖品，目前在我们家已经成功举办了五届阅读颁奖礼。

还有我平时喜欢记录一些和孩子相处的小事、趣事和我认为有点意义的事。因为都是当天记录的，记录的过程就是一个复盘和自省的过程，久而久之发现积累了挺多的素材，再印刷成书，送给孩子当礼物。第一本叫《我们一起》，是送给孩子的十岁成长礼；第二本叫《我们一起携手向前》，是作为孩子的小学毕业礼物。当书印好的时候，自己也有一定的成就感。其实很多时候就是类似的小事持续地做，最后好像也就成了一种自律。

爱君：我们今天真的够坦诚，进行了自我盘点和反思，其实也是想请家长们这样盘点和反思一下，然后再想想，我们怎样去指导和要求孩子，把心动变为行动。

爱君：我们直播室邀请的智慧爸爸，都是有思考、善实践的爸爸。请夏爸来讲解这两张表格的设计理念和作用。

夏爸：第一张表格是每日计划执行表（见表1）。这张表格根据每学期的课程不同会有调整，但实际填写和评估打分都是孩子自己完成的。我每天或隔天一定会查看这张表的记录情况。孩子的打分还是很客观的，经常性的是一分之差，我就能评估出孩子今天是认真了还是偷懒了。

这个表格的作用是真实记录孩子的学习情况，特别是小学阶段。孩子平时的学习情况和单元测试成绩肯定是息息相关的，当孩子测试成绩高于或低于预期的时候，就可以提醒孩子翻看一下近期的每日计划执行表，孩子自己就会发现哪些做得好和哪些地方做得不足。同时就印证了那句"越自律，越自由"。

第二张表是零花钱记录表（见表2）。孩子花钱没有关系，但我们要清楚钱花到什么地方。

表 1　每日计划执行表

日期：2022 年 5 月 9 日　　　　　　　　　　　　　　　　　　　星期一

序号	作业 / 项目	计划时长 min	实际时长 min	完成度（1—10）	检查作业完整度（√ or ×）	自我评价（★★★）
1	早读（课文 / 单词 / 听力 / 错题 / 复习要点等）	20	15	10	√	★★
2	语文学校作业					
3	数学学校作业					
4	英语学校作业					
5	科学学校作业					
6	书法	15	20	10	√	★★★
7	口算	10				
8	阅读	30	30	10	√	★★★
9	背诵古诗 / 成语	10				
10	奥数	30	20	10	√	★★★
11	阅读理解	15				
12	语文课外作业	15	15	10	√	★★★
13	数学课外作业	15	15	10	√	★★★
14	英语课外作业	15				
15	科学课外作业	10	15	10	√	★★★
16	文言文	10				
17	新概念英语作业	15				
18	篮球		90			
19						
20						
21						
22						
23						
24						
今天自我总评：97						

不积跬步，无以至千里！　　　　　　　　　　　　　　　　越自律，越自由！

表2 零花钱登记表

日期	收入（元）	支出事由	支出（元）
2021/12/6	162.63		
2021/12/7		购买卡片	10
2021/12/7		三明治	7.5
2021/12/7		饭团	6.1
2021/12/7		可乐	4.2
2021/12/7		薯片	7
2021/12/7		鸡腿	7.5
2021/12/10		糖果	8
2021/12/10		小吃	15
2021/12/10		购买卡片	15
2021/12/11		小吃	1
2021/12/11		购买卡片	10
2021/12/11		遗失	10
2021/12/11	100	吃饭	56.2
2021/12/12		水果罐头	5
2021/12/12		香肠	4.8
2021/12/13		小零食	4.41
2021/12/14		吃饭	34.7
2021/12/14		文具	11
2021/12/16		小零食	4.28
2021/12/17		小零食	7
2021/12/18		小零食	6
2021/12/18		购买卡片	20

1. 认真记录每一笔开支。
2. 随时接受爸爸妈妈的审计。如发现虚假账目，每次扣除一周零花钱（20元）。

"零花钱登记表"的下方写着两条：认真记录每一笔开支；随时接受爸爸妈妈的审计。如发现虚假账目要处罚，每次扣除一周零花钱（20元）。这样管理零花钱的做法，从一定意义上给了孩子在一定规则基础上自由支配的空间。其实道理也一样，只有你自律了，才有花钱的自由。

爱君：王爸对夏爸的这个方法怎么看？

王爸："自律"首先要求家长与孩子商定好自我管理约束的内容。夏爸设计的这两张表格明确了孩子自律的内容与目标。第一，这两张表格让孩子清楚地知道要做什么、怎么做，分别是"自我管理好课后学习时间，不浪费时间"和"自我管理好零花钱，不随意花零花钱"。第二，这两张表格明确了在实施过程中评价的标准，也就是表扬或是批评孩子的标准和依据。第三，有了这两张表格，我们就可以坚持做，在做中调整。因此，这两张表格是培养孩子这两方面自律能力的"拐杖"，也是爸爸的"智慧"所在。他不像我们有些家长抱怨的"我也一直跟孩子说要认真做作业，他就是听不进"。

自律的培养一定不是在"嘴上"而是在"行动上"，在实践中、在真实的体验中、在不断的坚持中。自律的习惯一旦养成，孩子会受益终身。小学阶段尤其是小学低段，是自律培养的好时机。

记得我家小王刚上小学时，我们的目标很明确，就是让小王养成按时、认真完成作业这一好习惯。那时每天放学回家我就跟孩子约定，只有在完成作业的情况下才能自由安排其他活动。我们坚持了一个学期，这个习惯基本养成。

回想起来，一年级养成的这一良好学习习惯，让小王在日后的学习生涯中受益匪浅。

爱君：硕文，夏爸是你的"智慧爸爸"班的学员，你是怎么发掘和指导他的？

硕文：是的，夏爸的智慧来自他的积极实践和创新精神。在当时的爸爸学员中，他认真学习，敢于尝试新的教育方法，不断探索适合自己孩子的教育方式。他不仅注重知识的掌握，注重实际应用和孩子的体验。他尝试与孩子沟通，了解孩子的需求和想法，引导和激励孩子更好地成长。

我们来看小夏同学，他曾经在疫情防控期间，与爸爸一起商定目标：父母复工后，自己解决午餐。

自己解决午餐

中餐自助（2.20）

1. 打开煤气阀和油烟机。
2. 架锅并在锅中放好水，在纱布上放两个烧卖和两个花卷，然后打火。
3. 开始计时，15分钟后关火，关闭煤气阀、煤气灶和油烟机。
4. 等候10分钟后，可以开吃，小心烫到。

有任何问题随时给爸爸打电话，加油！

中餐自助　　　　　　　　**煮饺子**

3月16日　饺子　　　　1. 正确使用煤气灶。

3月17日　粽子　　　　2. 加入半锅水烧到沸腾。

3月18日　泡面　　　　3. 放入25个水饺，从锅边依次放入。

3月19日　饺子　　　　4. 再次煮沸后，调小火力，煮10分钟后

3月20日　羊肉饼　　　加入一平匙盐。

　　　　　5. 关闭煤气灶及阀门。

6. 等10分钟后开始吃，当心烫到。

全程人不得离开厨房！

我们可以看到，刚开始安排的流程步骤非常详细，特别是涉及安全的方面，后来只列出菜单，再到最后根据家里的食材自由发挥。小夏同学每天积极反馈，自豪感十足。

夏爸不但与孩子一起确立了目标，还把孩子的目标变成家庭目标。小夏同学成功实现目标，就是因为目标明确，难度递进。每天的动态反馈和成果展示又让小夏有了成功的体验。成功的体验对孩子而言非常重要，孩子就有信心接受更高难度的挑战。

正是因为夏爸的积极实践、创新精神和分享精神，他在几百名爸爸学员中脱颖而出，成为大家学习的榜样。

夏爸，你还记得，当时拿到"智慧爸爸"奖状和奖品时，回到家跟儿子的对话吗？

夏爸：当然，我清晰地记得那个特别的时刻。当我拿着"智慧爸爸"奖状和奖品回到家时，儿子跑过来，用充满了骄傲和喜悦的眼神看着我。我对他说"你看，这是你爸拿回来的奖状，你爸会做得比其他爸爸都棒"，我儿子说"Are you sure？"，我说"Of course"。那个时候我的心里还是比较自豪的。

我希望儿子能够从我的经历中看到，无论是在家庭教育中还是在生活中，积极的态度、实践和创新都是非常重要的。这也是我一直努力成为"智慧爸爸"的动力和信念。

当我听到一些关于家庭教育的新的理念和方法时，我总是会积极地尝试，不断地探索和实践，找到适合我和孩子的最佳方式。这种积极的态度和创新的精神，让我在爸爸学员中脱颖而出。

当然，在实践过程中，我也遇到了一些困难和挑战。但是，我从来没有放弃过，总是坚持下去。我相信，这种精神也是非常重要的。对于每一个爸爸来说，都需要在家庭教育方面不断学习和进步。

硕文：就是这种育儿的睿智和自信，使得夏爸成为"智慧爸爸"导师团成员，每年参加"智慧爸爸"头脑风暴，从孩子的专注力聊到自控力，还有共情力、创新力等。有了这些"智慧爸爸"导师的助力，我们的"智慧爸爸"课堂创意不断。

爱君：在听夏爸说完这两张表格的故事后，我还想问一件事：小夏同学马上要读初中了，但夏爸好像一点也不着急。我想了解一下，夏爸不焦虑的底气是什么？

夏爸：从孩子四年级开始，我就陆续退出了孩子的学校学习和作业辅导，放手让孩子自己完成，我只负责签字，跟进一些课外的学习进度；现在这块也管得少了，主要是关注平时的学习状态和效率。我想不管孩子上哪个中学，学习上的事我还是会"陪伴"的。孩子现在有了一定的自我管理能力和生活自理能力，基于这两点，初中的学习和生活我就不太担心了。

爱君：明白了。自律，让小夏同学养成了非常好的学习和生活习惯，不仅自律还自立，像一棵植物，自身有了很强的生命力，那么无论放到哪一片土壤，都可以生长得很好了。硕文，从成长心理角度来看，我这么理解对吗？

硕文：知名校长陈钱林出过一本书《教育的本质》，提到家庭教育的本质是育人为先，重自律、自学、自立。只要家教得法，从幼儿期开始培养自律习惯，在学龄期培养自学能力，让孩子实现自立，孩子的人生一定会更精彩。孩子们的自律不是一蹴而就的。父母要掌握"扶"和"放"的度，明确"放"才是最终的目的，从而实现自律是孩子发展的自我保障。优秀的夏爸，在对小夏同学的培育过程中，完全契合了《教育的本质》的重点。为他点赞。

爱君：夏爸是从父亲的角度看自己家孩子，硕文则是从成长心理角度看。王爸的角度可能更宏观一些，可以从更多孩子和家长的角度，说说自律对当下的孩子来说有怎样的价值，同时也给家长们一些友情建议，好吗？

王爸：自律是孩子成长过程中的"必修课"。我们从小到大就是各个方面逐步从他律到自律的过程，"自律"是成长、成才的重要因素。自律是孩子的一种重要品格与能力，需要学校、家庭共同来培养锻炼。刚才夏爸介绍的两张表格就是一种有效的办法。

首先，家长要成为孩子心目中自律的榜样。自律的智慧的爸爸妈妈一定会有自律的孩子。

其次，坚持做好某一件事。自律的培养需要家长和孩子的共同坚持。在这个过程中，家长要做好教导、监管工作，树立正确的是非观、荣辱观、奖惩机制等，让孩子逐渐从他律到自律，并使其慢慢成为孩子的一种习惯、内化为他们的一种品性。

爱君：谢谢王爸。说到这里，我们是不是还会有一个疑惑，就是：我们希望孩子做到哪些事，养成哪些好习惯？孩子不肯配合，怎么办？就比如夏爸，我想问，小夏同学一直都是全程配合的吗？他和爸爸妈妈之间，有没有很多斗智斗勇的故事？给我们讲讲好吗？

夏爸：我前不久在整理书稿时就发现，其实书里记录的很多事例都是我和儿子"斗智斗勇"的故事，现在回头看看挺有意思。比如发生在去年暑假的一件事：

儿子当天没有完成计划中的作业，我要求他去补上。时间已经比较晚了，我洗完澡后，他把应用题作业补好了，我批改了，全对。然后是图形题，他说有几题不会，我就说不会没关系，爸爸会，我会讲到你懂为止。我一题一题讲解下去，虽然此时儿子已是完全不在状态，但今天我一定会坚持。

接着儿子又问："书法还要写吗?"我说："当然。"儿子往沙发上一靠，说睡会儿。我拍拍他的大腿："不行，我等着你，我明天还要上班的。"儿子坐起来，说："我让你看看什么叫草书。"我也怒了，说："只要你敢，我就会罚你重写，不信你试试。"

儿子开始写，写到一半的时候放下了笔，说："大晚上，写书法一点感觉没有。"我答："是的，我也知道大晚上写一点感觉没有，问题是你白天有感觉的时候没有写呀。"儿子顿了几秒，叹口气，继续写，在唉声叹气中完成了当天的书法练习。

我想这应该就是"温柔的坚持"吧，可能不是那么温柔。

其实现实中类似的事例还很多。我做出的一些决定也是基于自己对孩子的了解，比如哪些是不会而没有完成，哪些是因为态度问题而没有完成，前者可以理解，后者就不能放任了。何时"斗勇"，何时"斗智"，需要家长不断地实践思考。

王爸：对夏爸说的在孩子自律培育过程中家长需要和孩子"斗智斗勇"，我有深切体会。如果夏爸晚上坚持要让孩子完成当天计划内的书法练习任务，算是家长与孩子的"斗勇"，是家长陪伴孩子坚守自律的"底线"，那么我想说说家长怎样与孩子"斗智"，怎样引导孩子理解"做好我们自己角色该做的事"。

我们每一个人在生活中都扮演着多个角色，有时角色不同，承担的职责和为人处事的要求也就不同，但我们要努力做好角色内该做好的事。

在我们家，对于儿子玩电脑和手机这件事观点很明确：小学阶段不碰手机，合理使用电脑查阅资料，但使用时间有规定。

有时儿子会问：为什么爸爸妈妈可以玩手机、玩电脑，我不可以呢？对于这个问题，我曾跟儿子做过一次深入的探讨。从爸爸什么情况下用手机，什么情况下玩手机，到为什么小孩子不能玩手机，为什么小孩子可以适当地使用电脑，一一做了深入浅出的解释，做到有理有据，以理服人。

最后儿子非常认同我的观点。所以他在小学阶段从不偷偷一个人玩手机游戏。因为他知道小孩子年龄小、自我约束能力弱，玩手机容易上瘾，也清楚手机对视力的危害。即使我们有时在刷手机，儿子在学习，他也从不觉得不合理。当然他也看到了爸爸妈妈刷手机是有自律的。

"知之深则行愈达"，家长要做孩子自律培育路上的引路人、示范者和监督者。

硕文：夏爸的"温柔的坚持"就是正面管教中的"温和而坚定"，这是非常理想的家庭教育模式。如果爸爸非常严厉，说一不二，基本没得商量，母亲又很柔和，习惯迁就孩子，孩子的问题就会很多。

爱君：请问夏爸，你有没有因为小夏不配合，体罚过他？

夏爸：幼儿园的时候体罚过，印象中上小学后就没有了，但我批评的语言很严厉。

爱君：王爸，你体罚过儿子吗？

王爸：说来惭愧，有过。但我觉得体罚肯定不是科学、理想的教育手段，尽管有不少家长认为它是一种有效的管教方式。

硕文：客观来说，人都是情绪的动物，避免不了受到情绪的干扰。有时候家长可能会因为工作压力大、生活琐事缠身，或者因为倾尽全力但孩子还是不配合，甚至踩了家长内心设定的"红线"，就忍不住一下子爆发出坏情绪，采用了体罚孩子的方式。

体罚虽然可能在短期内达到某种效果，但长期来看，对孩子的成长有各种负面影响。曾经有一位爸爸找我咨询，他苦恼于自己的儿子在学校里经常用暴力手段解决问题。了解之后发现，其实是这位爸爸经常在家里打骂顽皮的儿子。可见，打骂教育不仅直接摧残孩子的身心，而且会给孩子一种误导——当对方"不听话"的时候，可以用武力来解决。从而在潜移默化间，让孩子也变成一个施暴者。

《家庭教育促进法》第二十三条明确规定："未成年人的父母或者其他监护人不得因性别、身体状况、智力等歧视未成年人，不得实施家庭暴力，不得胁迫、引诱、教唆、纵容、利用未成年人从事违反法律法规和社会公德的活动。"

打孩子已经被明令禁止。家长们应该知法懂法，不能再有"我的孩子，我想打就打""棍棒之下出孝子"之类的想法和行为了。

不过，必要的惩罚是必需的，因为要让孩子明确分寸感和边界感。在心理学上有很多种惩戒机制，是以比较有趣的选项来让孩子自主选择，从而让孩子自愿接受他自己选择的结果并予以承担。这样的话，相比打骂教育会更能加深孩子们对事件对错的认知和自我成长。而且父母在这个过程当中，会淡化他们的怒气，把注意力转移到孩子选择选项的过程和结果中去，也是一种不一样的亲子交流。

❤ 贴心建议 ◀

爱君：从心动到行动的距离，到底是宇宙级别的，还是唾手可得的，答案在我们的家长和孩子心中。从舒适圈走出来，总会面临一些不舒适，但一旦走出来，舒适圈也会变大。

节目最后，我们每个人再来说一句心得或勉励语，用来和我们的家长朋友们共勉，好吗？

夏爸：我很欣赏电影《银河补习班》中的一句台词："家长对孩子说什么很重要，但孩子看爸爸做什么更重要。"

王爸：自律就是不该做的拒绝做，应该做的努力去做好。让我们从生活中的一件件小事认真做起，为孩子树立自律的榜样，让他们学会自律的方法，从而在实践中体会到自律带给自己进步的快乐、成长的喜悦！

硕文：自律是一种积极的态度和行为，它需要坚定的决心、自我约束和持续的努力。

保持积极态度。孩子们需要保持积极的态度和心态。即使遇到挑战和困难，他们也不应该放弃自己的目标和梦想，而是应该相信自己并继续前进。

做出正确的选择。孩子们需要学会做出正确的选择，并明确自己的价值观和目标。做出正确的选择需要勇气和决心，但最终会带来积极的结果和回报。

学会自我控制。孩子们需要学会自我控制和自我约束。这样可以帮助他们更好地管理时间和精力。

坚持不懈。孩子们需要坚持不懈地追求自己的目标和梦想。即使遇到失败和挫折，他们也不应该放弃，而是应该从失败中学习经验教训，并继续前进。

爱君：刚才夏爸说他很欣赏《银河补习班》中的一句台词："家长对孩子说什么很重要，但孩子看爸爸做什么更重要。"我觉得用这句台词来结束我们今天的话题也很不错。各位爸爸，别忘了孩子在身边看着你哦！从现在开始，自律起来吧！

第七课

看多子女爸爸怎样
为亲情赋能

爸爸简介

白雪林（白爸）　　企业家　　家有三宝：两女一儿

何建良（何爸）　　科研人员　　家有二宝：一儿一女

 **导语**

"一眼没看到，家里俩娃就'掐架'，整天在'断案'。""带老大时没觉得累，怎么到了老二这里整天'鸡飞狗跳'？""都说'一只羊是放，一群羊也是放'，事实上并没有这么简单。"

教育子女是永恒的话题，一些多孩家庭的家长，常常会感叹：一个孩子已经让自己疲于应付，两个甚至三个孩子更是手忙脚乱。

作为多孩家庭，应该怎样教育孩子，平衡孩子们的关系，让他们在良好的家庭氛围中养成礼让和自我意识？

 **智慧论坛**

爱君：今天的两位智慧爸爸，有点特别——他们有不止一个宝贝。白爸家有三个娃，何爸家有两个娃。

常有家长感叹：一个孩子都已经快把我们累坏了，两个孩子肯定更累，三个孩子简直无法想象。但今天这两位爸爸，不仅没有因为教育儿女问题而感到辛苦和头大，反而收获了很多快乐和感悟。他们日常工作也很繁忙，亲子互动却做得周到又细致。他们有什么好办法？

我们先请两位爸爸来各自分享一段经历，这段经历包括自己初次当父亲到再次当父亲时的心路历程。比如，始终是很期待的，主动要二宝，还是相信是缘分，来了也好？自己在未成为父亲前，对父亲这个身份和责任有怎样的认识？当了父亲后有没有改变？再次当父亲后有没有新的认识？

何爸：在没有孩子之前，我对父亲这个身份的认识是很模糊的。但是当我第一次当上父亲的时候，我就感受到了一种全新的变化和挑战，也坦然地接受了这个角色。我认为，作为一个父亲，我的责任有两个方面：一是保护并守护孩子的安全和幸福；二是在他们成长的过程中，用自己的言行为他们树立一个良好的榜样，或者可以说是一种家庭教育的传承吧！

至于为什么主动要了二宝，是因为我想给我的孩子们留下最宝贵的财富，这个财富就是他们之间的亲情和友情。我希望他们能够有一个可以陪伴一生的亲人，可以在遇到困难和快乐的时候相互支持和分享。

爱君：原来最大的财富是这个！这句话，让我感到了何爸对亲情的重视和珍惜。

白爸：我和我的爱人都是新嘉兴人，我是独自来嘉兴创业的，爱人则是在嘉兴读的大学。创业之初工作比较艰辛繁忙，有的时候连自己的生活都照顾不好，经常是饮食起居都不定点定时，如果这个时候要孩子，不光家庭教育做不好，孩子肯定也会跟着我们一起受罪，所以我们决定等事业稍微稳定一些，有能力有时间了再迎接小生命的到来。

对于二孩，我们的思想是统一的，本身是新嘉兴人，在嘉兴也没有啥亲戚，不想孩子将来连走亲戚的机会都没有，所以要二宝也就顺理成章了。

至于三宝,那纯粹是缘分来了,再加上两个姐姐当时也大了,我们也非常喜欢孩子,于是家里又多了一个小朋友。

爱君:白爸确实非常喜欢孩子,孩子也感受到了这份热切的期待。现在我们请硕文重点介绍一下两个优秀孩子的故事。

硕文:我对两位大宝最了解,因为她们都是学校的班级心理委员,每周跟我一起做爱心帮扶工作,陆续被评为"南湖五彩好少年"。

我采访过两位大宝班里的同学。白家大宝性格开朗,领导力强,责任心强,能主动发现问题并解决问题,是全班同学公认的知心姐姐,同学们亲切地叫她"白姐"。何家大宝责任心强、乐于助人、心胸开阔、共情力强。

在对两位大宝的评价中,同学们都提到了责任心。我们知道,责任心是在做事的过程中培养出来的,因此需要给孩子实践的机会。两位大宝在良好的家庭氛围中,先形成自我责任,再形成班级责任,现在开启社会责任。

两位大宝的创新力也很强。每年的"快乐心"校园创意活动,她们都是积极策划者。创新力来源于家庭,两位大宝在家都是小导演,带着弟弟妹妹创作出一个又一个家庭创意作品。

爱君:我想问一下两位智慧爸爸:家有多个宝贝,互相之间有吵架甚至打架的情况吗?

白爸:打架有,但很少,基本上是斗嘴比较多。现在弟弟大了,多数情况下是二对一。其中两个人意见若是互相认同,然后就是和另外一个吵,若是三个人互相都不认同,那就有热闹的"三国杀"了。只要没发展到拳脚相加,我的态度基本上是旁观,让他们自由发展。哪怕其中一个号啕大哭,我也不插手,让他们充分自由辩论。最后等到孩子冷静了再收拾残局，进行分别教育。教育时，我会给孩子们分别阐述自己观点的机会，不袒护任何一方，只维护正确的一方。

爱君：我觉得白爸有一点做得特别好，就是先倾听和旁观，再看形势发展，这样也有助于更好地了解各个孩子的性格特点和目前的能力水平。硕文，你是不是给智慧爸爸们专门讲过这方面的内容？

硕文：我曾经在"智慧爸爸"课堂里讲过"倾听的艺术"。现在，我们就从孩子心理层面分析：孩子之间为何要吵架？吵架是孩子之间"博弈"的方式，他们会通过吵架表达情绪和观点，也会在吵架的过程中洞察、试探对方，甚至在吵完后还会自我疗伤。

在听孩子吵架的过程中，家长的反应基本有这三种类型：一类是烦躁不安型，一听到孩子吵架就心烦意乱，甚至血压升高；一类是主动介入型，立即劝架，开始做"法官"；还有一类就是白爸这样的淡定观察型，不到万不得已，不轻易出手。因为很多时候，孩子上一秒脸红脖子粗，下一秒可能就和好了。

在孩子们吵架的时候，父母最好不要过多干预。原因有以下两点。

原因一：父母参与，会让孩子之间矛盾变深。

人和人的相处很奇怪，当两个人吵架的时候，越是有旁观者，吵得越起劲，越想获得第三方的认可。孩子之间吵架也是这样，父母的参与反而会让孩子不断地强化争执过程中对方对自己不好的地方，期待可以获得父母的认可，让父母去批评对方。这样不仅不能让吵架的孩子冷静，反而会让孩子之间矛盾越来越深。

原因二：父母参与进来，很容易不公平。

都说清官难断家务事，家里孩子吵架打架也一样。在父母解决问题的时候，大宝会觉得父母偏袒二宝，二宝觉得明明是大宝错了。这谁说得清楚，反正俩娃心里都委屈。特别是大宝，父母本来以为自己公平对待了，就会让大宝放下对二宝的成见。其实大宝会想，如果没有二宝，自己根本不会被父母骂。这样反而让父母和孩子之间的关系变远了。所以，在两个孩子吵架或者打架的时候，父母不要马上劝架，甚至不要给过多关注（可以偷偷注意，避免一些身体的伤害）。

但是父母有一个孩子间的调解责任，等事情结束，孩子们都冷静下来了，父母再来做"调解员"，帮孩子疏通、缓和一下关系。

爱君：那何爸呢？两个宝贝，吵起架来势均力敌，你一般怎么处理？

何爸：姐弟俩经常吵架或打架，特别是小的时候，但是两人和好得也很快。比如，当姐弟俩10分钟没见面，便会开始思念彼此，进而向我询问对方的情况；而见面以后，又会很快地吵架或者打架。

对于这样的情况，我们大人基本不进行干预。因为这本来就是他们目前这个年龄阶段的特征。其实这样也好，互相有个牵制，也可以避免小朋友形成以自我为中心的毛病。随着年龄的增长，孩子们吵架和打架的频率已经越来越低，这也算是他们成长中必然的过程吧！

爱君：听起来既热闹又可爱，画面感很强，仔细品味又觉得很温馨。

硕文：吵吵闹闹也是家人的烟火气息。姐弟俩在吵闹中，逐步摸透了对方的底线和"引爆点"，说话做事就会有尺度，也会更有人际交往的技巧和方法。所以，两个孩子在各自班里从不与同学发生冲突，为人处事赞声一片。

爱君：刚才硕文也说了，两个孩子都那么优秀。我首先想请教的是：两位爸爸在培养孩子上，精力是均分的吗？有没有"把大宝培养好了，之后二宝和三宝就可以轻松一点了"的想法和做法？

何爸：我没有"把大宝培养好了，小宝就能轻松一些"这样的想法。

首先，姐弟俩可以说是两个不同的"品种"，他们在成长的过程中，感兴趣的事物是完全不一样的。比如姐姐就曾经有舞蹈、钢琴这样的兴趣，而弟弟的兴趣则在跆拳道、围棋、篮球等。

其次，我们只能按照每个孩子不同的学习表现来提供不同的学习条件。弟弟有偏向理科类的学习兴趣，经常会问我一些数学类的问题等；而姐姐的优势偏向于语言类，比如英语发音就比较好听。所以孩子再多也只能因材施教，不可能有大宝教好了，后面的就会轻松一点的想法。

爱君：我懂了，何爸的处理方式是：一方面因材施教，一方面尊重每一个孩子。白爸家三个孩子呢，白爸怎么处理？

白爸：我对孩子们都是一碗水端平的，不偏心或冷落任何一个。我教育他们要有良性的竞争意识，姐姐优秀了，弟弟妹妹也要努力追赶。我根据他们各自的性格和爱好，为他们选择了不同的课外兴趣班。我认为，兴趣是最好的老师，只有兴趣才能激发孩子的热情和潜能，让他们在快乐中学习，收获更多的成长。

爱君：硕文，你对两位爸爸的做法有怎样的评价？你觉得他们做得特别好的地方有哪些？

硕文：两位爸爸都是很有家庭责任感的人，家庭教育角色做得非常好，很有方法、很科学，也很有借鉴意义。他们都提到了"兴趣"这个关键词，兴趣就是孩子学习的内在驱动力。找准了孩子的"兴趣点"，就能培养孩子的坚持力，同时激发孩子的梦想。

白爸和何爸，本身就是很有趣的人，带着孩子"趣旅行""趣阅读""趣表演"。白爸在大宝读幼儿园时，就做了一件有趣的事，能分享一下吗？

白爸：大宝在读幼儿园时，老师布置了一个任务，让家长在全园的活动上跳舞，舞蹈叫《大王叫我来巡山》。放学后，女儿央求我报名参加。一开始我是拒绝的，因为没有舞蹈基础，更何况是当着那么多家长和小朋友的面，磨不开脸面。可看着女儿失望的小脸蛋，我心里也不是滋味，思索了一下就决定参加这个节目，给女儿做个榜样，突破自己，尝试一些新鲜的事物。后来在幼儿园老师的带领下，我每天中午去幼儿园排练，练了大概一个星期。最后还好，算是圆满完成了任务。

其实这看似是一件小事，但对孩子内心的触动还是很大的。首先是父母给他们做了榜样，突破自己的舒适区，勇于挑战；其次是给孩子在学校带来了莫大的自信，自己的爸爸能登台表演，那是一件很自豪的事情，对她的身心健康是非常有益的一件事情。

爱君：两位爸爸是怎样把大宝培养得这么优秀的？尤其是在亲子阅读、亲子旅游、亲子互动等方面。

白爸：在培养亲子阅读这一点上，我做得不够好，还需加强。我家是妈妈陪他们阅读的时间比较多一些，亲子旅游、亲子互动，带他们去户外玩，我做得比较多。每年暑假我们基本上都会安排十来天的自驾游，游览祖国的大好河山。

有句话好像是这么说的："不观世界哪来的世界观。"自驾线路基本上是我自己安排做攻略，这两年也开始让他们一起参与攻略的制定，旅游途中会给他们讲解一些自然历史知识等，可以说是边走边游边学！

何爸："读万卷书，行万里路"，在有足够的基础知识储备的情况下，孩子在成长的过程中最需要的就是亲眼看到外面的世界，去认识和理解他们看到的真实的东西。

我经常会在条件允许的情况下，带着孩子去旅游。前不久，我就带他们去了古丝绸之路，还取了一个名字叫"丝绸之路文化之旅"。孩子们骑着骆驼，在古阳关大道上经历了当年丝绸之路上的商旅们吹过的风沙，在莫高窟静静地感受与丝绸之路相关的历代文人留下的作品。

在陪伴儿女的过程中，我也遇到了不少挑战。在青藏高原，我儿子看到壮丽的青海湖激动地说："我要沿湖骑自行车，骑行一圈。"一圈可是300多公里，真是初生牛犊不怕虎！我这个当爸爸的只能陪他在高原上沿着青海湖骑行。尽管最后只骑行了30公里，但是在3千多米的高原上骑行30公里，对于我的体能来说也是个很大的考验。

硕文：何爸的智能、体能挑战，在"智慧爸爸"课堂中就崭露头角了。何爸曾经作为"爸爸课堂——6＋X成长营营长"，精心策划了一场冬日暖阳亲子主题运动会。这场运动会，有形式多样的亲子竞赛。何爸陪着俩娃，每个项目都进行了两次比拼，充分挑战了自己的体能极限。在这次活动中，还有一个温馨场景——活动结束时，出现了庆生的蛋糕，队长爸爸带着现场所有的爸爸和孩子为当天的寿星爸爸过生日，大家一起分享甜蜜，共享快乐。

爱君：我想，现在肯定有很多爸爸很好奇一个问题，就是：当爸爸的好像都很忙，工作也累，你们是怎么挤出时间来做这些亲子互动的？有什么时间管理的秘诀，可以分享一下吗？

白爸：其实我觉得工作和生活并不是很冲突。工作时集中精力高效地把工作安排好；回到家也是一样，在家里时你要属于家庭，尽量不要把工作带回来。在家，你的责任就要转换一下了——放下手机，陪好孩子。这是爸爸的责任，也是使命！

爱君：使命！这个词可太好了！就是心目中不可推卸、不能打折的责任！

何爸：只要愿意花时间陪孩子，总是能够挤出时间的。我通常是早上和晚上两个时间段陪孩子。

早上的时间，主要是通过家庭早期计划实施的。我们家早上5点多起床，6点开始晨读。这个时候是需要家长以身作则的，我们家爸爸妈妈都同时陪孩子在6点开始晨读活动。

另外一个时间段是晚上。晚饭以后，孩子们有自习时间，这个时候妈妈会陪他们自习，我最大的作用就是等在那里以备回答他们的各种问题。

所以，关于时间管理我也没有什么秘诀，就是通过每天固定的时间来陪孩子一起成长。

爱君：何爸和白爸的角度不同，分享了不同的方法。晨读和晚学——有个成语叫"晨钟暮鼓"，何爸家是"晨读暮学"，是典型的学习型家庭了！

硕文，在你看来，两位智慧爸爸在这方面还有其他比较值得借鉴的方法吗？

硕文：何爸最自豪的，就是自己设计的"智慧书房"。这个书房见证了何家的"晨读暮学"。我还想推荐的是何爸创新设计的花园和菜园。在花园和菜园的建设和维护中，何爸带着两个娃设计排水系统，参与草坪的清理、各种花卉的种植，还带着两个娃在菜园子里设置捕捉鼻涕虫的陷阱。妈妈带着孩子们在菜园里除草、摘菜等。这些劳动的意义在于学习书本之外的知识，体会农业的种植过程和吃到自产蔬菜的喜悦。

何爸还分别让两个娃自己写下了花园和菜园的名字。姐姐的英文名字叫Sophie，她在5岁的时候，就自己写下了"Sophie's Garden"，后来何爸爸把姐姐写的"真迹"做成牌子，用于命名家里的花园。家里的菜园子——"畅畅农场"也是用弟弟的"亲笔书法"命名的。

白爸作为一个三宝家庭的爸爸，对孩子的培养聚焦在能力养成、协同共济和自信积极这三个方面。形成这些特质，依托的是家庭充满温情的氛围、充满能量的支持以及充满爱的信任。孩子们正是在这样的土壤中被温柔以待，幸福滋养，形塑成一个个优秀的他们。

现在，我们来说说三位宝贝的有趣故事。

我曾经布置过一个心理视频作业《夸夸我的爸爸》。在白爸的建议下，白家大宝自编自导了一个短剧，姐弟仨共同演绎，白爸拍摄，其乐融融。

白家二宝，参加学校组织的舞蹈比赛前，爸爸当起了摄影师，记录练习过程；妈妈对着舞蹈教材，化身舞蹈老师，指点每一个细节的调整；大宝、三宝成为小观众，为二宝加油鼓劲。

弟弟虽然年纪小，但也具备了小小男子汉的独立勇敢和自信积极。在爸爸妈妈的信任和支持下，从中班开始就独立参加班级的活动，如爬山、郊游、挖藕、摘板栗……让幼儿园老师大为惊叹。

我们似乎没有看到白爸对孩子学业的要求，反而是各种快乐玩耍的场景，但孩子们各自的学业成绩都是非常优异的。白爸曾经很自豪地跟我说，当孩子们具备上面说的三种特质，学习成绩好是水到渠成的事。我当时夸他，这是"独孤九剑"中的无招胜有招，真正的"寓教于乐、寓学于趣、寓教于心"。

爱君：现在我要问一个"拷问灵魂"的问题：两位爸爸有没有过觉得孩子让自己心烦的时候？有没有过"早知道就不多要孩子了"的念头？

白爸：心烦的时候当然有，但从没有"早知道就不多要孩子了"的念头。因为要孩子是自己经过冷静思考后做的决定。心烦与不烦取决于我们对孩子的心态。他们小，不懂事，当然会哭闹，当然会烦我们，这都是自然而然的事情，无法回避，也无法逃避，只有积极面对。将来有一天，他们忽然长大飞走了，还可能是我们盼着他们过来烦我们呢。

何爸：有的时候会生气，但是从来没有心烦过。因为是自己的孩子，是一个家庭生命的延续，孩子要是没有孩子气，也就不是孩子了。"养儿才知父母恩"，面对孩子们各种淘气的事情时，才知道自己的父母养大我们是多么的不容易。

面对孩子们的各种问题的时候，通常我都会认为自己是在"还债"，还自己小时候欠下的"债"。有这样的想法，对于孩子的各种问题，心态就平和很多了。

爱君：是什么让两位智慧爸爸坚持下来并乐在其中的？是责任感吗？

白爸：我觉得是责任感。既然我们生下了他们，那就要好好抚养。看着他们一天天长大，何尝不是一种乐趣。现在我都开始翻看他们小时候的照片了，感叹时间过得真快。就算我们养一盆花，总要期待它开花结果吧，不然到时候去哪里找后悔药？

何爸：对于我来说，虽然责任的成分是有的，但更多的是乐趣。在陪伴孩子一起成长的过程中，我也心态年轻了好多，在用孩子的思维想他们每天遇到的问题。这样的心路历程是非常有趣的一件事情，所以我乐在其中。

爱君：明白了。两位智慧爸爸是谦虚，其实一定还有孩子们带给自己很多快乐的时候。现在就请两位爸爸晒一下幸福，各自分享一下孩子给自己带来了哪些快乐？

何爸：陪伴孩子最大的好处，就是让他们在成长的过程中感受到你的存在和关爱。孩子们会把你当作他们的知心朋友和良师益友。当他们遇到困难或疑惑时，他们会向你倾诉，并请你帮助他们分析和解决；当他们有奇思妙想或好奇心时，他们会向你提出各种有趣而深刻的问题，让你和他们一起探索这个丰富多彩的世界。

比如说，我儿子曾经问过我："如果霍去病和白起都复活了，他们两人打仗，谁会赢？"这种问题让我哭笑不得，也让我感受到他的天真和好奇。

我女儿的趣事则是，有一次我在草坪上打扫时，看到她用红花的花瓣在草地上摆成一个爱心的形状。这使我内心十分欢喜，感受到了她的童真，也舍不得扫去她的小美好。

这些都是作为父亲的幸福时刻！

白爸：我想每个父母都会为自己的孩子感到幸福和骄傲，都会用心地呵护和宠爱他们。而对于我来说，最幸福的时刻就是看到孩子们向我奔跑而来，这充满了对我的爱和信任。

从他们上幼儿园开始，每次我去接他们，他们都会欢呼着冲向我，然后我会把他们高高举起，原地转上两圈，让他们感受到我的温暖和力量。而且，在回家的路上，我会跟他们聊聊他们在学校里的快乐和不快乐的事情，并给他们一些鼓励和建议。

此外，我还和他们约定，如果有什么问题和难事，可以和爸爸沟通，爸爸会做他们的"狗头军师"，给他们出主意，并保守他们的秘密。

爱君：责任为亲情赋能，就是幸福加倍。

硕文，和一孩的爸爸们比起来，多孩家庭是不是更需要注重教育的艺术和技巧？

硕文：多孩家庭的爸爸，我们用一个形象的比喻，就是驾驶着一艘航船，在海上航行。如果不掌握一定的"驾驶"技巧，就会在子女教育问题上"触礁"。以下这"四个过度"容易导致"触礁"。

1. 过度强调礼让

家里长辈常常要求大宝"让"二宝，不少大宝内心堵得慌，就纷纷来我这里"控诉"了："凭什么让我让！""如果哥哥一定要让弟弟的话，那我叫他哥哥好了！"……

父母需要做的，不是教哥哥姐姐让着弟弟妹妹，而是让每个孩子都能感受到爱和重视；是让孩子在充满爱的环境下学会照顾和给予，而不是由于父母对弟弟妹妹的偏爱而迫不得已做个懂事的小孩。

一个在平等、尊重、感恩的家庭氛围中成长的孩子，不管是哥哥姐姐还是弟弟妹妹，我想他（她）不用你说，也是会懂得谦让的！

作为父母，我们要做的不是去用言语或者命令让孩子去"让"，而是以身作则，家人之间相互尊重，相互谦让，也相互感恩。

2. 过度进行比较

经常对两个孩子进行比较。"你姐姐（哥哥）在你这个年龄的时候，可听话了！""姐姐（哥哥）经常考满分的，你怎么会考成这样？""弟弟（妹妹）比你小，反而比你懂事，你怎么越大越不懂事了？"

作为父母，不要将两个孩子进行比较，更不要在教育一方的时候，夸奖另一方，这会让两个孩子之间的关系变得更为紧张，同时也不利于孩子的心理健康。如果父母处理不好，大宝失去安全感不说，还容易产生仇恨心理，如此一来，孩子间的矛盾就复杂化了。

3. 过度不同对待

往往对不同子女不同的态度。不少父母在辅导大宝作业时，眉头紧锁，语气强硬，甚至还会"恶语"相向。转身哄二宝时，却眉开眼笑、温言软语。大宝越看越不舒服，心里会愤愤地想：就知道对我凶！偏心！于是，在父母不在的时候，大宝就会把不良情绪发泄在二宝身上，出现"以大欺小"的情况。

有的父母，还会用成绩作为对子女态度的依据。谁考得好，就对谁好。父母的本意是想激励孩子，结果却把孩子"伤"了。最终兄弟姐妹之间就会"明争暗斗"。

4. 过度狭小交往

不少多子女家庭用的是高低铺，让两个同性别的孩子住在同一间房间里，共用书桌，共用玩具。表面上看，姐妹俩亲密无间，兄弟俩手足情深。但是长期跟二宝在一起的大宝，会习惯于亲人般的相处方式，到学校就不会主动人际交往，会变得越来越幼稚。这对孩子的身心成长是非常不利的。

爱君：那我们现在请两位爸爸结合自己的心得，给其他爸爸一些提醒和建议。

白爸：我觉得对待孩子，我们要有两个身份：**第一个身份是家长**，树立家长的威严，负责树立孩子"三观"的正确性，这一点必须严肃。**第二个身份是要做孩子的同龄人**，成为他们的小伙伴，成为他们的知己，陪同他们一起长大。我和儿子之间是互称兄弟的。只有当我们成为他们的好朋友，在漫长的人生路上，我们才能走进他们心里，和他们更好地交流。让我们更懂孩子，也让孩子更懂我们！

何爸：在合适的时间段做合适的事情。当孩子们长大了，翅膀硬了，离开父母身边了，再想着去陪伴孩子，那么就错过了陪伴孩子的"合适时间段"。所以在目前孩子还需要你的时间段里面，用你觉得最合适的方式，尽量多陪伴孩子。

硕文：林文采博士曾提出"心理营养"一词。我建议父母给予孩子五大"心理营养"。

> **五大"心理营养"**
>
> 1. 给予最无条件的接纳。
>
> 2. 给予当下最重要的存在感。
>
> 3. 给予最大的安全感。
>
> 4. 给予最多的肯定、赞美、认同。
>
> 5. 给予最佳的学习、认知、模范。

今天和大家一起分享的这五大"心理营养",也是我们做好家庭教育责任的目标和方法。

从两位爸爸身上,我们可以看到,他们有很好的责任意识,给足了孩子"心理营养",为孩子成长提供了肥沃的土壤、充沛的阳光和雨露,让他们成长为心理健康、精神富足的孩子。

最后,我想送给家长们一个高招——把大宝培养成教育二宝或三宝的助手。赋予大宝"教育者"的角色,树立大宝为榜样,这样既能减轻父母管娃的压力,又可以增强大宝的责任感。二宝、三宝在向哥哥姐姐学习的同时,整个家庭的良性互动就自然出现了。

爱君:好的,现在我们大家都知道了,智慧带娃,其实不会很"费"爸妈。祝我们的多宝家庭都充满幸福的笑声!

看爸爸怎样教孩子
驾驶友谊的小船

爸爸简介

陈威（陈爸）	银行高管	家有一女
史翔（史爸）	金融培训师	家有一儿

 导语

朋友是人生路上最亮丽的风景，少年时代的美好友情可以为人生打上温暖的底色。怎样才可以拥有高质量的少年友情？在少不更事又年少轻狂的岁月里，怎样才能避免"友谊的小船说翻就翻"？人际交往是很多孩子迷惘和困惑的成长考验，在人际交往中，他们会遇到哪些状况，又该怎样科学应对？

智慧论坛

爱君：每年的9月，新学年开始，孩子们都会上升一年级，不仅如此，很多孩子还面临着要适应新环境，认识新朋友。

网友们开玩笑说：友谊的小船，说翻就翻——那是成年人的感慨；塑料友情，也是成年人的自嘲。但是我们谁也不能否认——成长的过程中，友情是非常重要和美好的。

所以，今天的第一个环节，我们先请每个人来谈谈自己对好朋友的定义和好朋友对自己的重要意义。

陈爸：我觉得朋友是人生的力量、心灵的港湾、彼此的牵挂、烦恼

的"收纳盒"。

人生的力量。随着父母岁数越来越大，与社会逐渐脱轨，对于我的事有些束手无策。而朋友和我年龄相仿，在我迷茫的时候，他能给我很多建议，就像登山杖，虽然不会代替我行走，但会给我支撑和依靠。

心灵的港湾。你有事了，他可以帮你；你生病了，他可以去看你；你失落了，他可以安慰你……

彼此的牵挂。好朋友不是现实社会的相互利用、资源共享。虽会各自忙碌，却又彼此牵挂。

烦恼的"收纳盒"。逐渐步入社会后，无形的压力接踵而来。很多时候，我们对父母报喜不报忧，但可以向朋友倾诉。一份快乐分享成两份，一份痛苦分担成一半，有福同享、有难同当。

爱君：陈爸表述得通俗易懂。我们再听听史爸怎么说。

史爸：我对好朋友的定义是五个关键词：志同道合、求同存异、真诚以待、感同身受、彼此信任。

志同道合。彼此之间有相同的志趣爱好，或者在三观上有许多共同点，总而言之，就是谈得来的人。同时，他身上一定会有我比较欣赏的特质，也许是和我相同的，也许是我所不具备的特质，能够在彼此之间形成向心力。

求同存异。在志同道合的基础上，朋友之间一定有明显的不同，却能够接受或者容忍对方的不同点，不会因此而产生嫌隙。

真诚以待。朋友之间能够对彼此的不同点甚至是缺点直言不讳，而且不计较对方的直言不讳。这是区别好朋友和普通朋友的一个关键点。

感同身受。真正的朋友，他过得好，我会为他开心；他过得不好，我会为他担心。彼此之间，不会有攀比、嫉妒，这一点是非常重要的，是友情的试金石。

彼此信任。不会轻易发生误会，不会计较得失，不会因为距离和时间的关系产生猜忌和疏远。

爱君：两位爸爸的感受，我非常认同。不知硕文怎么看？两位爸爸是从男人的角度，请硕文从女性和专家的角度进行补充和点评，好吗？

硕文：我们经常说：高人指点、贵人相助。其实，不少高人、贵人，就是我们身边的朋友，在你孤独、困难、迷茫时，能积极引导你，支持你。所以，朋友就是我们人生的助力。

不过，我更倾向于"互助"，因为"互助"的友谊会走得更远。我自己的好朋友就是我的小学同学。我曾经是转校生，转到新学校新班级时，感觉陌生，不敢轻易交朋友，她是班长，主动来关心我，我们就成了好朋友。我们同一年参加工作，同一年生娃，生的都是女儿，共同话题就更多了。我们陪着孩子经历了中考，一年后还会共同陪娃高考，同频共振的我们，真正把友谊的小船行稳致远了。

爱君：我非常同意两位智慧爸爸和硕文的观点，也给了我很多启发，唤醒了我对好朋友们的温暖回忆和牵挂。接下来我们请硕文讲讲人际关系在孩子成长过程中的重要作用。

硕文：心理学家普遍认为：人际关系代表着人的心理适应水平，其关系良好是心理健康的一个重要标志。而人际交往不良常常是心理疾病的主要原因。缺少正常人际交往的孩子，往往会表现出拘谨胆小、害羞怕生、孤僻退缩，另一个极端就是自我中心、不能合作、任性攻击。儿童早期的人际交往技能、交往状况会深深影响其未来的人际关系、自尊，甚至幸福生活。

我曾经遇到过一位小学高年级女生，就因为亲子关系不良、同伴交流受阻、师生关系不和谐，出现了焦虑和强迫症状。我们通过三个阶段的辅导，先从亲子关系入手，重塑家庭教育模式，再到增强孩子的环境支持系统，最后引导她成功地融入了集体。这些年，我特别关注学生的人际交往，因为很多心理问题是由人际交往障碍引起的。

爱君：我之前也接到很多家长还有中学生的来电来信，家长们说孩子太"宅"，不太会交友。所以，我想请硕文和大家说说，小学高段和初中段的孩子们，在人际交往中常常会出现哪些状况？

硕文：小学高段的孩子逐步进入青春早期，独立能力增强，自主意识强烈，喜欢用批判的眼光看待事物，喜欢自发组成小团体。在人际交往中容易出现以下状况：

小团体的影响。自发组成的小团体会带来两方面的影响。积极的影响：孩子能找到真正乐于去交往的朋友，友谊也会更深。消极的影响：小团体之间会产生"摩擦"，不利于整个班集体的和谐。

不经意的伤害。这里所说的伤害主要是指心理层面的伤害。比如，同学间相互取绰号，当面说女生长得胖，谈论谁成绩不好或者某人健康习惯较差等。其实，谈论的人有时是为了开玩笑，但他们却忽略了对方的感受，而对方一般不会轻易表现出来，只是默默地承受。承受到了极限，就会出现两种状况：一种是反向"攻击"，另一种就容易形成讨好型人格。

大起伏的变化。起伏比较明显的是女生，女生特别在意闺蜜的"亲密度"和"忠诚度"。因为对友情的期望值比较高，所以一点误会或微妙的变化就会引起内心的波澜。我曾经做过一个调查，不少女生经历过友谊的小船说翻就翻，有过被误解、被轻视、被疏离的经历。

初中生进入了青春中期，感情丰富、变化快，交友的品质在不断提升。不少中学生告诉我，不喜欢与性格不好、沉默寡言、人品不佳的人相处。他们很注重与朋友相处时的"舒适度"。同时，他们会比较注重细节：朋友借东西是否会及时归还，朋友开玩笑是否有度，朋友是否尊重自己……

爱君：接下来，我想请两位爸爸各自说说自己的孩子目前的交友情况。他们会怎样和自己的朋友交流互动？好朋友对孩子产生了哪些正面的影响？

陈爸：我女儿有两位好朋友，小霏同学和小欣同学，都是女同学。

小霏同学是位运动健将，羽毛球打得特别好，在市里拿过奖。刚读一年级的时候，我女儿不大爱运动，我们劝导她效果一般。后来在好朋友的引导下，女儿也爱上了运动，不时向好朋友请教动作和技巧。她俩平时一起去操场跑跑步、打打球，周末回家让我陪她打羽毛球。看到她在运动场上生龙活虎的样子，我们家长也很欣慰。这就是好朋友的感染力。

小欣同学则很文静，心眼特别好，乐于助人，学习也很刻苦。她俩是同桌，相处得非常融洽。她俩的友谊升华源于一次"以书会友"：在阅读课外书的过程中，两人一起探讨书中人物的性格、故事背景、中心思想、作者生平等等，分享家里的藏书和读书心得，渐渐地，两人都养成了"读书好、好读书、读好书"的习惯。平时在学习上也互帮互助，共同进步。通过书籍互换，两人间架起了知识的桥梁，增进友谊的同时加强了学习氛围，丰富了同窗的课外生活。

在我的眼中，友谊对于女儿有重要的价值和意义：

消除寂寞，心有归属。我们平时工作比较忙，陪女儿的时间比较少。当她一个人寂寞孤单时，好朋友能使她的心得到平静，不再孤独，有一种充实感、归属感。

化解困难，生活更有意义。 虽说交朋友的目的不是帮孩子化解困难，但当孩子真的在学校遇到困难时，父母又不在身边，好朋友会第一时间无私地帮助她，让她感到生活的温暖和希望。

学习进步的动力。 孩子在学习过程中，除了自己的努力，也需要好朋友的帮助、支持、鼓励，学习会更为顺利并充满乐趣，好朋友共同进步。

史爸： 我儿子有两位好朋友，小朱和小姚。他经常和小朱一起学习，一起去食堂吃饭；经常给小姚讲解题目，然后一起去操场跑步、运动。

在我儿子眼中，小朱是一个积极进取的人，他的学习成绩不算特别好，但是学习很努力，并且一直在进步，从不叫苦叫累，充满正能量。小姚不是同班级的，是在一次体育课后认识的，他为人正直，心胸宽广，表现出超出年龄的成熟与包容，而且体育特别好，尤其是长跑。

我认为，好朋友对孩子的价值，主要体现在表层和深层两个方面。

表层： 好朋友对孩子的学习、运动有正面影响的积极意义。有好朋友陪伴，孩子的校园生活也更加开心快乐。

深层： 品学兼优的朋友，对孩子的品格塑造、价值观形成都大有裨益，是孩子健康发展的重要助力。

爱君： 很多家长苦恼于孩子到小学高年级后就不愿意参加成年人的亲友聚会，排斥走亲访友。不知道两位嘉宾的孩子表现怎么样？两位智慧爸爸有没有好办法？

史爸： 说实在话，在孩子的交友方面，我没有特意地投入太多的精力，更多的都是"润物细无声"的动作，但是孩子从小到大在学校的人缘都不错。我总结了一下经验，仅代表个人意见，供大家参考。

1. 良好的亲子关系优于社会人际关系

亲子间的良好互动，家人间的和谐关系，孩子每天耳濡目染，给他在家庭之外的人际交往树立了榜样，对孩子是一种潜移默化的影响；同时，拥有良好的家庭氛围和亲子关系，孩子的情绪更倾向比较稳定，也有助于和他人形成良好的人际关系。

2. 与孩子平等沟通

作为父母，我们从来不会把孩子当成不懂事的小朋友，居高临下批评说教，而是以一种平等的姿态进行沟通交流，形成了"以德服人、以理服人"的家风，努力在一言一行上成为他的榜样；同时，当我们自己做错事情时，会认真、诚恳地向孩子道歉，而不是摆出"大家长"的姿态。慢慢地，孩子也会形成以品德和道理为基础的人际交往心智模式。

3. 给孩子充分的交友自由

作为家长，习惯性地在孩子小时候"干涉"其交友自由，成年后干涉其恋爱自由，已经是一种常态了。"己所不欲，勿施于人。"在孩子交友的方面，我们只把握大方向，就是品德；其余的方面，我们绝不给孩子附加"交友条件"，更不会唯成绩论。给了孩子充分的自由，结果就是我们反而会从孩子身上学到很多。

4. 多给孩子讲讲自己的交友故事

有条件的话，带着孩子多和自己的好朋友聚聚。身教大于言传，为孩子现身说法，树立良好的人际交往榜样。

陈爸：我也没有太刻意地引导，主要是建议孩子在交友过程中做到以下几点：

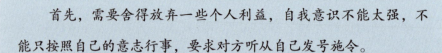

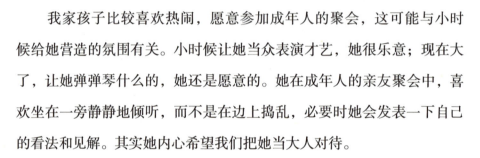

首先，需要舍得放弃一些个人利益，自我意识不能太强，不能只按照自己的意志行事，要求对方听从自己发号施令。

其次，当发生利益冲突时，需要相互谅解，学会换位思考，站在别人的角度看待矛盾，即便对方有错，也要学会宽容和谅解对方。

最后，就是在力所能及的情况下，朋友间互帮互助。

我家孩子比较喜欢热闹，愿意参加成年人的聚会，这可能与小时候给她营造的氛围有关。小时候让她当众表演才艺，她很乐意；现在大了，让她弹弹琴什么的，她还是愿意的。她在成年人的亲友聚会中，喜欢坐在一旁静静地倾听，而不是在边上捣乱，必要时她会发表一下自己的看法和见解。其实她内心希望我们把她当大人对待。

爱君：硕文，我觉得聊到这里，我要代表家长们向你表示感谢，因为你指导的智慧爸爸们的办法和做法，真的太好了。你对两位爸爸的做法怎么看？有建议和补充吗？

硕文：相信大家都发现了，两位爸爸，一位是"润物细无声"，一位是"不刻意引导"，都收获了令人羡慕的孩子。这证实了我经常对家长说的一句话，"孩子不只是听你说什么，更是会看你做什么"。史爸一直坚持做着一件事，记录日常父子间的交流。陈爸是上一届"智慧爸爸"课堂的优秀学员，每次学习后写的听课感受，让学员们赞叹不已。

爱君：感谢硕文和两位智慧爸爸。刚才我们聊的是友情和亲情，是相对比较近的人际关系，现在我们稍微扩大一点范围，谈谈在团体中的人际关系。

我这些年很多次被家长们问道：要不要当班干部？因为当班干部要为班级服务，肯定会牺牲时间，可能会影响学习。所以我们现在来聊聊这个话题——要不要当班干部？两位爸爸怎么看？请陈爸先说。

陈爸：我个人的观点是：尽量争做班干部。

成为班干部是培养管理能力和责任感的较好机会，能成为班干部，证明孩子在某方面有一定的潜力，我认为家长应该支持和鼓励。部分家长认为班干部会将精力都放在与学习无关的事情上面而耽误学习，但我认为，成为班干部反而有利于孩子在各方面的发展。

培养孩子的自信心和责任感。老师是学生非常尊重的对象，孩子成为班干部代表老师对孩子能力的认可，这种认可能够提高孩子的自信心。孩子有了自信心，不仅可以勇敢地进行尝试，还可以在与同学的相互配合之中发展合作能力，形成关心他人、对他人负责的能力，从而促进人际交往能力的培养。

家长应该尊重孩子的选择。孩子要不要当班干部，不是大人决定的，应该让孩子自己决定。家长千万不要过多地干涉孩子的选择，也不要刻意引导，应放大格局，让孩子自己做主，培养孩子的判断力和决策能力。

鞭策自己努力，加倍用功学习。当班干部了，就意味着要给同学们做表率，担心自己成绩落后，给班干部的形象抹黑。所以一般情况下，班干部在业余时间都会加倍努力，倍加珍惜时间，反而更有学习动力。

史爸：我的观点是：有条件的话，尽量当班干部。理由为如下三点：

1. 培养综合素质。包括责任心、管理能力、领导力、公众表达、时间管理、服务意识等各方面成年以后非常重要的素质。

2. 锻炼坚韧品质。班干部，尤其是班长、劳动委员等岗位，非常考验孩子的耐心，对培养坚韧品质大有裨益。

3. 强化合作意识。 班干部若想正常开展工作，就需要请同学们配合，也要主动寻求合作，对强化合作意识很有帮助。合作才是通向成年人成功的最重要素质，而不是竞争。

爱君：谢谢史爸。硕文这些年培养了一届又一届的心理委员，他们一个个都那么优秀，成为你的好助手。硕文可以结合自己的经验，从专家角度给出观点和建议吗？

硕文：刚才史爸说到的合作意识，我非常赞同。以前，我们总说"适者生存"，现在可以说是"善于合作者生存"。我培养的心理委员都具有合作意识，因为合作才能共赢，才能完成一次次的朋辈辅导。

有一位积极报名心理委员的学生跟我说："沈老师，本来我只喜欢跟自己合拍的同学相处。现在，我可以跟各种性格的同学相处。"说这句话时，孩子充满了自信。

史爸，我记得小史有一个"格局的故事"，特别有意思，您能讲一下吗？

史爸：这件事发生在小史八年级上学期。

刚开学的一天晚上，我接儿子放学回家，眼见他从校门内飞奔到我身边，像只快乐的小鸟。他见面说的第一句话："爸爸，我今天在'愚昧的山峰'上反复磨炼了好久。"（"愚昧的山峰"出自"达克效应"，是我们父子俩交流时经常使用的一个"梗"。）

"哦？什么情况，快说说看！"儿子很开心，我也满脸笑容地表示很好奇。

"今天心理课，主题是领导力，老师介绍了具有领导力的人的几种具体表现，每说到一种特质，同学们都会说：'这不是史班吗？'搞得我很不好意思。为了不让自己站在'愚昧的山峰'上，我就在心里不断告诉自己'淡定，淡定，我没有那么优秀，还有很大的提升空间'。所以，爸爸，你说我是不是经历了千锤百炼？"儿子边走边兴高采烈地说。"确实，你能有这样的自我觉知，老父亲感到很欣慰啊！"我由衷地说。

"故事还没完呢，最让我惊讶的是，小王竟然主动举手发言，列举了我具备领导力的种种表现……"儿子来了个"捂脸"的动作。"小王，是不是那个平时不讨喜，但是你坚持给他过生日的男生？"我有点惊讶地问。"是啊，老爸你还记得啊？"儿子很高兴我搞得清人物关系，"就是他。自从上次给他过了生日，他现在还挺服我的。但是今天我还是觉得他说得太夸张了！"

我真诚地给儿子竖起了大拇指："史班，爸爸服你了，你的格局比我大，给你手动点 32 个赞！""爸爸你咋也管我叫'史班'？"儿子有点不好意思。

"我是认真的。看来这件事情还是你做得对，爸爸向你学习！"我发自内心感到很骄傲！

达克效应

达克效应，全称为邓宁－克鲁格效应。它指一种认知偏差，即能力欠缺的人沉浸在自我营造的虚幻优势之中，常常高估自己的能力水平，却无法客观评价他人的能力。它分为四个阶段：愚昧山峰、绝望之谷、开悟之坡、平稳高原。

第一阶段是从开始到愚昧山巅，不知道自己不知道，自我感觉良好。第二阶段是知道自己不知道的过程，学得越多，越感觉自己知道得少，逐渐地丧失信心，走入绝望之谷。第三阶段通过不断实践，能力得到显著提升，迈向开悟之坡，知道自己知道。第四阶段从起初的"自以为是"走到"敬畏谦卑"，不知道自己知道。

我和儿子对话中提到的"过生日"，是发生在七年级期末的一件事。

　　"爸爸，明天是小王的生日，我决定也给他一个惊喜，就像我今年过生日的时候同学们对我那样。"一天晚上，我去接儿子放学的时候，他兴奋地对我说道。

　　"小王？我怎么记得前几天你才告诉我，说他主动招惹你来着？是不是他啊？"我有点诧异地问。

　　"哦，是他没错。他在我们班里，确实喜欢'招猫逗狗'，人缘不是很好。"儿子感觉有点扫兴。

　　"那你上次过生日的时候，他给你送礼物啦？"

　　"没有。"

　　"那大家给你唱生日歌的时候，他在场吗？"

　　"也没有。"

　　"那你为啥要给他过生日？"我有点不太理解。

　　"我已经组织了好几场生日会，正好知道他的生日就是明天，我就想着给他也庆祝一下。"儿子略显委屈。

　　"儿子，我知道你是班长，希望能给大家做出表率，但我也不希望你委屈自己，当个'滥好人'。我认为你没有义务一定要做这件事，万一他不领情，你岂不是'好心被当作驴肝肺'？"

　　谈话氛围似乎有点紧张了。儿子陷入了沉默。

　　我知道他不太赞同我的意见，于是深吸一口气，调整好自己的情绪，重新开启了对话："儿子，爸爸没有别的意思，只是不希望你受到伤害。那你能不能告诉我，为什么要给一个不是很喜欢的同学过生日？你是怎么想的呢？这么做，你会不会感到不情愿？"

　　"说实话，虽然小王算不上是我的朋友，但是我也不希望他被大家孤立。至于我会不会被伤害，我没有想过。我只是觉得，大家一起给他庆祝生日，他应该会开心的……"儿子的态度很诚恳。

"好吧，那爸爸尊重你的决定，你就按照自己的想法做！"但是说实话，我内心里仍然持保留意见。

第二天晚上，我看儿子心情不错，就问起他白天给小王过生日的情况。儿子给我介绍了一下，重点强调小王拥抱了他，用了很大的力气，快把他"勒死"了……

得知我担心的事情没有发生，我也松了一口气。但我万万没想到，儿子的一次善意表达，竟然赢得了小王发自内心的尊重！

说实话，这一件看似很小的事件，给我的内心带来了极大的震撼。孩子宽阔的心胸，更准确地说是纯真的心灵，让我有自惭形秽的感觉。我时常教导儿子"赠人玫瑰，手有余香"，"欲先取之，必先予之"，但遇到具体的事情，我却比儿子更计较得失。我可以找借口说是比孩子社会阅历丰富，见多识广，但是这次我不想这样做，我只想由衷地说："儿子，你的格局比老爸大，以德报怨，我向你学习。我也衷心希望你不忘初心，继续进步，努力做到'有容乃大'！"

通过这件事，更验证了我一直以来的想法——<u>教育孩子的过程，父母才是最大的受益者</u>。作为父母，绝不是对孩子单向输出的，从孩子身上，我们能学到更多！我暗下决心：即便不能成为孩子永恒的榜样，也绝不做孩子前进道路上的绊脚石！同时，我也和儿子约定：我要不断加强学习，和儿子共同进步，努力成为更好的自己！

爱君：非常精彩的故事，我们都感到很受教育，谢谢史爸。接下来我们来聊下一个问题：为什么有的孩子会"社恐"（社交恐惧）？请史爸先说。

史爸：交友不顺利，我个人觉得家长不必过分焦虑。孩子的三观还不成熟、不稳定，在这个阶段，友谊的小船说翻就翻是正常现象。这一点我也和孩子说过，希望他用平常心看待人际交往。

真正的朋友，值得用一生去等待，所以不要过分刻意追逐，友情往往也是"踏破铁鞋无觅处，得来全不费工夫"的。我和孩子交流可能更关注"道"的层面，对于"法、术"等操作层面确实交流有限。我主要是建议孩子关注朋友的品德操守，多关注别人身上的优点，与人交往要真诚，不要过分计较得失。做好自己，一切自然水到渠成。

关于所谓的"社恐"，我看过一本书，书中说社恐的本质是害怕"暴露"自己的焦虑、外表、性格、社交乏术等。所以在这方面，作为家长，我个人觉得还是首先要树立孩子的自信，从大声鼓励，小声批评，建立孩子的自我价值感开始。

陈爸：我觉得造成所谓"社恐"，可能有这些原因：

1. 从小性格受压抑、生活遇挫折，情感常被忽视，形成自卑心理。

2. 父母没有教会他们社交的技能，或者是家庭搬迁过于频繁，使孩子无法很好地融入环境。

3. 认为自己正确的行为是有问题的，自我贬低；或者对自己要求过高，恨不能以自己的口才和举止得到所有人的称赞与喜欢，这就不可避免反复造成自我挫败，最终导致见人就紧张害怕。

总之，每个孩子出现的原因都是不一样的，只有找到相应的原因，才能知道为何出现社恐，从根本上解决问题。

♡ 贴心建议 ◀

爱君：对于交友不畅或孤单没朋友的孩子，两位爸爸有什么建议？

史爸：我有个小提醒：有些孩子很内向，不喜欢过多的社会交往，但是并不害怕交往，这是孩子的性格特质，而不是"社恐"。个人觉得，没有必要强迫孩子进行人际交往。顺其自然，让孩子做最好的自己，而不是"别人家的孩子"，这样比较好。

陈爸：我认为"性格内向、害羞"不等同于"社恐"。家长们应当关心孩子的成长，从引导出发，提高孩子的心理素质，改善生活环境。这里我简单说以下几点：

> 1. 告诉孩子应正视自己，找到自己内向的原因，意识到是时候开始改变自己了。
>
> 2. 让孩子压力轻一点，微笑多一点，内心勇敢一点，表现热情一点，性格洒脱一点。
>
> 3. 让孩子对自己说我不比别人差，过得更洒脱，不要太过顾虑，整天思前想后，不要太过于在乎别人的眼光。
>
> 4. 让孩子多和性格外向开朗的同学沟通交流，"近朱者赤"，耳濡目染，终将受益。
>
> 5. 让孩子主动和身边的人打招呼；多出去走一走，开阔一下自己的眼界；多参加学校活动，接触更多的人，更能够锻炼自己。

爱君：最后请两位智慧爸爸和硕文再来说说，应该怎样引导和帮助孩子增强吸引力，提升共情力？

史爸：关于<u>增强吸引力</u>，我的观点是"做好自己"。当你成为太阳的时候，就不用担心向日葵的朝向。"桃李不言，下自成蹊"，"道、法、术"，还是"道"更关键。

关于<u>提升共情力</u>，我个人有个想法，就是<u>不要压抑孩子的情绪，让孩子成为一个感情丰富、具有情感感知力的人</u>，自然就更容易感受到他人的喜怒哀乐。比如，不要制止男孩子哭；当孩子难过的时候，他更需要的是你的拥抱，而不是冷嘲热讽。当孩子从家长身上感受到的更多是理解、认同和无条件的爱，他自然也会具备共情的能力。"世界以痛吻我，我却报之以歌"这句话，我个人是相信的，但是有个前提，这位"歌手"，一定有个温暖的家庭和爱他的父母。

陈爸：我觉得性格强势和性格懦弱的孩子都不是真正意义上受人欢迎的孩子。真正受到大家欢迎的，一定是那些有着良好性格和独立人格的孩子。他们在人际交往中，用自己的良好性格和真诚、自信，以及不以别人的评价为判断标准的独立人格，来获得他人的尊重和欢迎。而性格强势的孩子，恰恰缺少良好性格这一吸引他人的关键因素；性格懦弱的孩子，恰恰缺乏人格独立这一关键因素。

首先，应当从家庭开始培养孩子良好的人际互动关系。因为是否具备良好的人际互动关系，决定了孩子在社会环境中能否得到他人的接受和认可。在与父母的朝夕相处中，孩子会通过观察和互动来学习如何与人相处。当父母在日常居家的表现是正向的，孩子自然会成为同样正向的孩子；反过来，父母在家如果经常不和谐，甚至是三天一小吵，五天一大吵，孩子是绝无可能会有良好的人际互动关系的。

其次，应当培养孩子良好的性格。乐于分享、助人为乐、自信等等，都是作为一个受欢迎的人应具备的良好性格。

再次，应当提升自我修养。做自己很重要，要明白"花香自有蝴蝶来"的道理。

最后，不要随意给孩子贴负面标签。诸如说些"我家孩子不爱说话、太内向、不懂事"之类的言语，不仅会伤害到孩子的自尊心，还会打击孩子的自信，导致其不敢与人交往。长此以往，孩子很容易被边缘化，变得不受大家的欢迎，失去吸引力。

爱君：两位爸爸说得非常有道理。我想硕文肯定还有专业的补充和建议。

硕文：简单来说，共情就是——假设我是你。共情力，就是站在他人立场来感受和理解他人心性的能力。

共情力是孩子从大脑天生自带设定的"自我中心"，转换到"能理解他人"的成熟心境的重要标识。心理学家发现：共情力强的孩子，能较好地控制情绪，接受父母的教导，在情感上可以感同身受对方的感觉；而共情力弱的孩子，就会形成以自我为中心的思维方式，很难站在对方的立场去体会对方的情感和需要。

培养孩子的共情力，需要注意以下几点：

1. 让孩子摆脱自我中心

人在儿童时期总是以自我为中心的，认为世界上的万事万物都是围绕自己运转的。很多孩子由于从小到大所受到的关注、照顾和呵护太多，只关注自己的需要和愿望，对他人的需要、感受甚至存在都缺乏敏感。所以，要想具备共情力，必须让孩子摆脱自我中心。

2. 让孩子感知情感价值

很多孩子缺乏共情能力，对别人的需求漠不关心，原因其实并不是他们过于自私，而是在于对自己的情绪也很少察觉，或者根本不知道自己的感受是什么。想要让孩子关注别人的感受，我们需要对孩子的情绪给予足够的关注和回应，让孩子感受到自己的情感在家长心中是有存在价值的，是被理解和接纳的。若只是一味地灌输"正确的道理"或采取"冷处理"的方式对待，而非与孩子共情，孩子就永远不会去关注别人的感受。

3. 让孩子学会换位思考

倾听也是共情力的一个很重要的组成部分。倾听不仅仅是要认真地听对方在说什么，不轻易去打断别人，不急于表达自己的意见，更重要的是，还需要通过观察对方的表情和肢体语言，真正去理解对方，学会站在他人的角度去思考问题。

爱君：每一段友谊都会给孩子温暖的滋养，爸爸们和专家的建议会帮助孩子们交到高质量的好朋友。孩子们，去和好朋友们同阳光做伴，快乐前行吧！

第三篇章

跟着爸爸去迎接未来

"不要让孩子输在起跑线上。"这个观念就像一个被植入家长内心的木马程序，造成了很多父母的严重焦虑，也在很大程度上导致了教育的"内卷"局面。但是当我们科学地审视人生轨迹时，就会发现，孩子的成长更像是一场马拉松，相比起跑线，我们更应该关注终点线——孩子未来所能到达的目的地。

　　作为智慧爸爸，有责任引领孩子把握好当下的每一刻，努力发现最好的自己，不断提升自信、逆商和财商，张开双臂去迎接美好的未来！

看爸爸怎样
培养孩子财商

爸爸简介

刘国明（刘爸）	企业家	家有一儿一女
史　翔（史爸）	金融培训师	家有一儿

 **导语** ◄

你不理财，财不理你。漫漫人生路，物质是基础。怎样让不懂贫穷是何物的现代孩子学会合理使用金钱？怎样让孩子在未来的人生旅途中既不会为金钱所迷惑而走上错误道路，也不会过分清高而"视金钱如粪土"，从而让孩子一生平安，衣食无忧？

智慧论坛 ◄

爱君：理财是个永远热门的话题。每到过年，孩子的压岁钱和拜年红包都会成为网络热点话题，有人建议给孩子买保险；有人说父母也要给亲朋好友的孩子们红包，所以应该把孩子的红包收回来用于交学费或由父母存起来……今天，我们先请两位爸爸分享自己的观点和做法。

史爸：在孩子很小的时候，他妈妈就用孩子的名字申请了一个银行账户，将孩子每年收到的压岁钱存入该账户，准备等他大学毕业踏入社会的时候，将这笔钱交给他自行支配。目前这个账户里面所有的钱存成了一张定期存款单。孩子进入初中以后，对金钱的支配有了相对清晰的概念。最近两年的压岁钱，我们会尊重孩子自己的意见进行安排，由他

自行掌握一部分；其余部分由妈妈代管，以基金定投的方式进行理财，最终所得也将在孩子大学毕业后移交给他。

刘爸：我记得我小的时候，收到的红包很快就被妈妈收走了，说是代我保管，但是从那以后，我就再也没有机会拿到手了。当然，那时候确实是经济条件有限，红包往往是左边袋子进，右边袋子出，父母们又收回去补贴家用了。

我家孩子出生后，每年也能收到不少红包。刚开始的时候，我们都是帮他存到他名下的银行卡里了。随着孩子慢慢大起来，我们让孩子自己决定怎么分配这些钱。我们也和孩子分享理财观念，比如我们是怎么分配自己的收入的：把其中一部分用来做日常开支，一部分存起来以备不时之需，还有一部分买了理财产品，用来钱生钱……通过这样的分享，孩子知道钱要分成几部分，它们的用途各不相同。

爱君：硕文觉得两位爸爸的观点和做法怎么样？同时也说说自己的做法。

硕文：我对这两位爸爸的做法是非常认可的。发红包是我们春节的传统习俗，是长辈给孩子的特殊礼物，承载着深深的祝福，寓意平安健康。两位爸爸有很好的意识，引导孩子管理好属于他们的财产，也是非常契合新时代家庭教育的理念。

这两位爸爸的做法各有特色和侧重点。史爸的方法是"以终为始"，有一个清晰的规划——代管到孩子大学毕业。刘爸注重财务"分配"，让孩子从小知道钱是需要分配的，用途各不相同。

爱君：好的，我们对压岁钱和拜年红包的处理方法有很多，但有一点可能是很多人的共识：我们应该教会孩子重视金钱，并处理好金钱在我们生活中的位置。换个流行的说法就是：培养孩子的财商。

这也是我们本次直播主题的由来。近年来，因为财商不够，或者说家长没有注意引导孩子科学对待金钱，出现了不少比较惊悚的恶性事件：比如男生疯狂玩游戏氪金，寅吃卯粮；女生为了购买奢侈品，陷入"裸贷"的泥潭……我们先请硕文说说财商培养对于孩子的重要性。

硕文： 财富观是人生观中非常重要的一部分，如何对待金钱，往往是一个人如何对待人生的外显表现。

前段时间，我采访了一些大学生，从每月的生活费、交友等消费聊起，发现财商与智商、情商一样，形成的最佳时间段是在青少年时期，父母对孩子潜移默化的影响，在孩子迈入大学校园后，就显现出来了。

大学生与中小学生相比，需要承担更多的生活开支。相对于其他群体而言，大学生更容易受到社会比较的影响，如与同学、朋友等比较消费水平、物质享受、经济状况等。如果没有正确的价值观或自信心，他们可能会感到自卑或羡慕。此外，还有对未来规划的不确定。大学生更关注自己的未来发展，如就业、创业、留学等。如果没有明确的目标或计划，他们可能会感到迷茫或焦虑。

爱君： 谢谢硕文。两位智慧爸爸有补充吗？

刘爸： 我个人认为让孩子学会合理支配是很重要的。要是孩子收到的红包并不是很多，可以不存钱，教会孩子怎样妥善保管这笔现金，做到不丢失、不乱用。和孩子商量怎样合理使用这些红包，像是买玩具、给同学买礼物、买零食，都能够用到这笔钱。多给孩子一些正确的引导，避免孩子用来打游戏氪金等。教会孩子保管现金、运用现金也是一堂必修课。

史爸： "冰冻三尺非一日之寒"，成年人的很多心理与行为方面的"顽疾"，都是从小种下的祸根。所以我觉得树立正确的金钱观，培养

"财商"，也要从娃娃抓起。我个人的观点是，家长的目标不应该仅仅是管住孩子不浪费家长赚的辛苦钱，不糟蹋长辈给的压岁钱，而更应该着眼于孩子成年后该如何使用钱。比如，男孩不会因为女友在物质方面索取无度，打肿脸充胖子，超出自身和家庭经济承受能力去贷款，甚至是盗窃；女孩不会因为攀比，无钱购买昂贵的奢侈品而去"裸贷"，等等。今天的家庭教育，都是为孩子一生的幸福打基础。

爱君：听了我们三位嘉宾的说法，更加证明了我们此次直播的价值和意义了。我们今天的直播，将逐步探讨有关孩子财商培养的问题。我们按照这个方向，先探讨第一个问题。我们请硕文说说，当下孩子名下拥有的"财产"主要有哪些？

硕文：我校的学生除了压岁钱和生日红包外，还有每月（周）零花钱，家务劳动赚的钱，考试成绩优秀得到的奖励，参加比赛或投稿的奖金……

爱君：谢谢硕文。我想问一下史爸有没有补充？

史爸：我家孩子的"财产"，还是比较单一的，主要是压岁钱，生日、节日的红包，每月的零用钱，剩下的就是校园一卡通里面的钱了。

爱君：除了那些特别有钱的家庭，孩子名下的财产可能超过我们一般人。据您了解到的信息，那些普通家庭的孩子，名下拥有较多财产的大概会有多少？

刘爸：现在的生活条件好了，孩子们的"私房钱"也多了，从几千元到几万元不等吧。

爱君：好的。现在我们来说说各自是怎样帮助并且指导孩子拥有金钱的？或者通俗地说，是怎样给孩子零花钱并且怎样要求他们花钱的？

史爸：我会固定在每月 1 号，给孩子 100 元的零用钱，用于他日常的非学习用品类消费，全权交给他自己支配。每个月省下来的，我们不会回收，会由他自己存起来，让他从小有一点"储蓄"的概念；但是如果超支了，我们也不会预支，让他手头先紧一点，慢慢养成合理分配开支的习惯。据我了解，现在有不少孩子是没有零花钱的，因为每年都会有大笔压岁钱进账。

我觉得零花钱和压岁钱还是有区别的，主要有以下两点：

1. 温暖的回忆。我希望孩子在长大后，对父母给的零花钱，有一个温暖的回忆。每个月那种小小期待被满足的"小确幸"，是一种爱的传递。钱虽少，但是这种幸福的感觉会伴随孩子一生，我觉得还是非常值得的。

2. 对财商有益。相比压岁钱，零花钱更多是以月或周为周期兑现的，更像成人世界的工资性收入，合理支配好零花钱，更有助于孩子建立起"收支平衡"的概念，对提升孩子的财商是有好处的。

爱君：谢谢史爸，我很认同这个理念和方法。那么刘爸呢？

刘爸：我也很认同史爸的观点。孩子对财务的认知和自我管理能力还是相对比较薄弱的，在可控的范围里，我会让孩子自己来管理，之后再给一些自己的想法，这样也能让他提前得到一些锻炼。

爱君：好的，谢谢刘爸。刘爸儿女双全，做法和经验正好可以给到更多家庭的父母参考。硕文，你能点评一下两位爸爸的做法吗？

硕文：两位爸爸的做法非常好。他们的一个共同点就是，与孩子达成管理方式共识，并且给孩子一定的自主空间，培养了孩子的自我管理能力。

有些家长在金钱上对孩子管得非常严，他们常会对孩子说："你想买什么跟我说，只要合理，我都给钱。"这个规定看起来没问题，事实上，很多情况下"合理"或"不合理"，是家长来判断的，它根本不是孩子的想法；而且孩子有时会有些属于自己的小秘密，不想跟你说，比如某个同学或朋友过生日，孩子想送一个小礼物，如果他手里有一些零花钱，就不会为难。对孩子控制太严，显而易见的潜台词是不信任孩子，剥夺了孩子消费方面的自由选择，且表现得很苛刻，所以对孩子金钱观的养成并无好处。

童年时在金钱方面严重匮乏的人，反而容易成为成年后在金钱方面斤斤计较的人，缺少平常心。

爱君：现在我们开始探讨第二个问题。因为孩子还是消费者，日常不可能上班赚钱，所以他们或主动或被动地，会有一些赚钱的实践。一个常见的方式是有偿家务。刘爸家有过类似的实践吗？

刘爸：在孩子成长的过程中我们用过不少的方法。比如：我们试着留着家中的饮料瓶、纸箱让孩子们自己去整理，放在储物间里存起来，到休息时间卖出去，这就成了他们的收入；去商场购物的时候，帮孩子区分"想要"与"需要"这个问题，但最终还是尊重他们自己的选择；不打击孩子的欲望，试着引导孩子延迟满足。

最后，我认为还是需要给孩子零用钱，因为金钱是最好的教具，孩子也会有最深的认知。

史爸：我不太赞成"有偿家务"。我认为家庭是讲爱、讲责任的地方，不宜在金钱上锱铢必较。让孩子力所能及地做家务，是因为他是家庭的一分子，有享受家庭温暖的权利，也有承担家庭劳动的义务。而有偿家务容易让孩子将家务劳动与他对家庭的责任和义务剥离开，会对他将来成立自己的家庭后承担应有的家庭责任，造成一些隐患。我印象当中，即使是在西方文化中，孩子从小通过劳动赚取零花钱，也是为邻居除草、扫雪之类的，而并非帮爸爸妈妈干活。在这方面，我和儿子有过对话，他表示完全赞同我的观点。

顺便提一句，我个人认为，如果给孩子造成"付出劳动就必须立刻兑现"的刻板印象，这可能导致孩子在学校里就不愿意参加劳动，步入社会后也会丧失许多学习成长的机会。

爱君：硕文能否从科学的家庭教育这个角度，点评一下两位爸爸的做法，同时对实行"有偿家务"的父母，作出一些提醒？

硕文：刘爸的做法，是让孩子积极参与变废为宝的一个好方法。史爸说的"有偿家务"是近些年从西方国家传过来的一种经济概念。家庭不是市场，如果孩子做点家务就付钱，可能会削弱亲人之间的情感，间接变成利益交换，这和我们的传统文化相悖。

我建议采取小游戏的形式，合理分配家务劳动，区分有偿和无偿。画一个饼图，做好扇形区分，家庭成员通过商量，各自分割好属于自己板块的家务。那么孩子领取相应板块的家务就属于他们应尽的家庭义务，比如整理好自己的学习用品、清洁自己的房间等等。这些都是孩子预先领取的家务，所以是"无偿家务"。但是如果超过设定的边界，去协助爸爸妈妈完成一些额外的家务，比如清理杂物间这些，那么就像刘爸那样，孩子应收获劳动后所得到的价值。

随着孩子的长大，他们家务板块的边界会慢慢扩大。把这个做法换算到成人世界来看，其实就是应尽的是本职工作，额外的是需要加班来完成的。当然，这里的"加班"价值呈现不是只有单一的货币形式来表达，爸爸妈妈们可以有很多种更好的表达方式。

爱君：好的，谢谢硕文。除了"有偿家务"外，我们也看到，很多家长喜欢对孩子的进步给予物质奖励。我曾经听到一位妈妈说，她的孩子初二，她对孩子说，考年级第一，就奖励 1000 元。其他家长也和我说过类似的事情。有的家长觉得很有效果，有的觉得效果不明显。我想问一下，史爸有没有类似的经历？有什么经验可以分享吗？

史爸：对于给孩子物质奖励，我个人持反对意见。至于理由，我想先与各位老师、家长分享一个经典的心理学小故事。

> 一群孩子在一位老人家门前嬉闹，叫声连天。几天过去后，老人难以忍受。于是，他出来给了每个孩子 5 块钱，说："你们让这里变得很热闹，我觉得自己年轻了不少，这点钱表示谢意。"
>
> 孩子们很高兴。第二天他们又来了，一如既往地嬉闹。老人再出来，给了每个孩子 3 块钱。他解释说，自己没有收入，只能少给一点了。3 块钱也还可以吧，孩子们仍然高兴地走了。
>
> 第三天，老人只给了每个孩子 1 块钱，孩子们勃然大怒："玩 1 天才赚 1 块钱，你知不知道我们多辛苦?!"他们向老人发誓，再也不会来这里为他玩了。

这个故事引出了两个概念，分别是内在动机和外部动机。孩子们玩耍打闹的内部动机，是因为好玩儿、开心，但是老人用给钱奖励的方式，将孩子们玩耍的动机转移到了"赢得奖励、报酬"这个外部动机上，变成了"为他玩"。老人"巧妙"地解决了问题，但是孩子们玩耍的初心也变了。

我个人对这个原理深信不疑，所以我们家会努力将物质奖励与孩子的学习等日常行为分离开来，而希望他能形成学习的内驱力，至于如何引导孩子形成内驱力，这就是另一个复杂的重要课题了。

在我们家，如果孩子有物质需求，我们会用"礼物"代替"奖励"或者"报酬"，礼物代表的是爱和馈赠，而"奖励"或者"报酬"，代表的是利益与交换。情义无价而金钱有价，如果定义为礼物，孩子不会计较礼物的价格，但如果是物质奖励，孩子会嫌弃这次的奖励比上次的便宜。这是人性，不仅仅是孩子，成人世界也是一样的。所以我个人不建议给孩子物质奖励。

爱君：好的，谢谢史爸。刘爸家有儿子有女儿，有没有实行过类似的方式？效果怎么样？我们准备听故事了。

刘爸：我分享一个我家中发生的小故事：

今年过年，我上小学的女儿给我的侄女和我老婆发红包。我问她："为什么要给姐姐和妈妈发红包？"她回答说："给姐姐发红包，是因为去姐姐家做客的时候，姐姐陪我玩，给我买礼物，我觉得需要感谢姐姐。给妈妈红包是觉得妈妈这一年来很辛苦，为我付出很多，要感谢妈妈！"

我个人认为需要给孩子多创造一些机会，让孩子认识钱，做一些财商游戏，比如去商超购物，加深对钱、对数字的认识，明白钱从哪儿来，该怎么省钱，又该怎么花钱，还有该怎么挣钱。只有真正了解了人、钱和世界的关系，未来当他面对与钱相关的诸多问题时，才不会乱了阵脚。在实践中也会看到，这对孩子的成长还是很有帮助的。

爱君：好的，谢谢刘爸。我觉得孩子都好可爱。硕文对物质奖励这一家庭教育方法，有建议和提醒吗？

硕文：说到有关物质奖励这一家庭教育方法，我们先来区分一下，物质奖励不等同于金钱奖励。我们就用"奖励"这两个字来说，每个家庭有不同的奖励形式，有些孩子希望得到一个玩具，有些孩子希望有一次旅行，有些孩子希望可以让爸爸妈妈陪着去游乐场玩一次，有些孩子希望可以得到自主理财的机会……这是在孩子进步和自我完善的过程中，家庭给予他们温暖的一种反馈。

前面提到的小案例，考试成绩以多少钱来衡量的标准，是用经济学中的杠杆作用来调动孩子的学习积极性。行为动机一般分为内部动机和外部动机。对于孩子个体来说，"荣誉感""求知欲"和"我要学"这是他们的内部动机；而用金钱的标准来度量分数，就变成了"有好处"和"要我学"的外部动机。但我们知道，只有内部动机才是长久有效的使人不断前行的动机。

爱君：其实关于孩子赚钱，我还听说过一些例子，就是有的孩子很有经商头脑，小小年纪，就会在班级或学校里卖好看的文具，卖紧俏的复习资料。两位爸爸怎么看？

刘爸：我们家的孩子都有这方面的思维，有一些不成熟的想法，小点子很多，参加学校的义卖活动时的表现也是很出色的。

我认为孩子有经商头脑，并不是一件坏事，这和他从小受到的成长环境的影响存在一定关系。孩子在很小的时候就有这种经商欲望，代表他对这方面是有所求的，也间接证明他有一个不错的思维基础。这个时候家长可以给一些引导，比如只有通过学习掌握更多有价值的知识，未来在经商方面才能得到更好的发展。只有进行这样正确的引导，孩子才能形成一个正确的全局观，家长才不用担心孩子会走偏。孩子是需要一定的认同感及正确的引导的，要把对金钱的正确观念输送到位，进而引导孩子好好学习，才能对未来充满憧憬！

爱君：史爸怎么看？小史有没有做过类似的小生意，或者是参加校园里的"爱心义卖"？

史爸：我出生于一个北方的传统家庭，祖上几代都没有从事经商的人，所以客观地讲，自己的财商属实不高。但我个人非常赞同现在学校里组织的"义卖"活动。我认为该活动除了公益的目的，还能让孩子从小对"买卖""商业"等概念形成一定的认识，这对发展孩子的财商大有裨益。我家孩子每次都会积极参加类似的活动，并且通常都是小组长，除了卖东西，还要进行人员分工、管理台账等工作，我觉得很有意义。

至于自发的小生意，我们目前还没有尝试过。但是到了孩子的大学阶段，我一定会鼓励他积极实践一下，即便不是做生意，也要勤工俭学，这样他才会懂得赚钱的艰难，不会随意挥霍金钱。

爱君：我知道很多孩子喜欢玩仿真赚钱游戏，也是很不错的，就是不要太花费精力以至影响到学习。硕文，你觉得我说得对吗？辛苦你再评价和提醒一下吧！

硕文：如果在生活中有合适的机会，让孩子体验赚钱的乐趣，也是很好的一件事。培养孩子正确的赚钱观念，主要"教材"是家长。让孩子学会光明正大地赚钱，健康得体地花钱，就是正确的"教材"。

爱君：现在我们要来聊第三个问题了，就是孩子的财商。我觉得财商比金钱观的内容要更丰富一些。金钱观就是如何看待金钱，而财商还包括了怎么争取，就是中国古人说的"君子爱财，取之有道"。

我们还是先问刘爸，因为刘爸之前一直在北京经商。刘爸能否说说，从学会赚钱的角度来看，在孩子的成长过程中，哪些素养或本领是非常重要的？父母应该怎样去培养和指导？

刘爸：在孩子的成长过程中，要让孩子有社会观，多接受爱国教育，对家庭、他人常怀感恩之心。我认为孩子应该具备六项素养：高尚的人格，开朗的性格，奋发的态度，不怕失败的心理，善于交流与沟通的能力，独立的精神。

我重点来说说独立的精神。一个孩子的独立，不只是生活自理的独立，更多的时候，我们所指的独立是精神上的独立，即能够自己思考，自己判断。

孩子的是非观念不是天生的，是从定规矩、守规矩中逐渐养成的。该放的要放，该管的要严管，才是教孩子的正确方法，不应该有固定的模式。父母在孩子的教育上必须互相配合，相得益彰。父母分别承担不同的角色，宽严相济。

有家长说，经常讨论金钱会培养出拜金贪财的孩子。我个人认为，和孩子谈钱本身并不功利，反而是在谈价值观。比如，"劳动能创造财富""世界上有很多东西是金钱买不来的""君子爱财，取之有道"等观念，都会对孩子有潜移默化的影响。

爱君：现在我们请史爸说说，自己在孩子的财商培养方面，主要做了哪些有意的引导？

史爸：我觉得金钱观是个人价值观最重要的组成部分之一，所以从孩子小时候我就比较关注对他金钱观的引导，也在实践中形成了自己的一些观点，主要有以下三个方面：

第一，将"勤俭节约"升级为"量入为出"。

勤俭节约是中华民族的传统美德，我从小受到的教育就是要勤俭节约。而时代在进步，经济在发展，咱们老百姓的日子也越过越好了，我们的观念也需要迭代，或者说，对"勤俭节约"需要有新的定义与解释。所以在我们家里，就将"量入为出"作为了重要的家风。我们会告诉孩子，适度追求更高的生活品质，这种想法是无可厚非的，但前提是你要有相应的收入水平。"寅吃卯粮"的超前消费和"以小博大"的赌徒心态，在我们家里是不被认同的。

同时，我们也引导孩子，将金钱花在衣食住行方面，提高生活品质，是人之常情，但更要注重在提升自身能力方面的投资，比如学习、旅行等等。

总之，我们家并不会一味强调让孩子省钱，而是引导他关注消费的性价比，更重要的是消费要与赚钱能力相匹配。

第二，将"绝对控制"升级为"适度自由"。

金钱观教育，是家长教育理念的具体表现。我坚持认为，对孩子的教育成果，是孩子能不能过好他的一生，而不是他守在我身边的 18 年"够不够乖"。正因为如此，所以即便未成年人对金钱缺乏足够的控制力，我仍然会给他适度的自由，让他对自己的财产有支配权。比如零花钱、压岁钱、校园一卡通等，我和孩子妈从来不会过问他的消费细节。相反，我们会经常提醒他在学校一定不要在吃饭上面省钱。因为在我看来，孩子长身体远远比省钱重要，这也是金钱观甚至是价值观的传递。

对孩子的"财产"，之前我只提过一个要求，就是孩子如果有大额支出，需要提前和爸爸妈妈商量。孩子曾骄傲地对我说："在我们班，咱们家的经济条件绝对排不上号，但是感觉我花钱的自由度可能是最高的。"之所以会这样，还是因为我认为，金钱观会作为价值观的重要组成部分，伴随孩子的一生。如果小时候不懂得怎么支配自己有限的金钱，等长大成人踏入社会，有了更多的金钱，面对五光十色的诱惑的时候，一定会更加困惑吧？

第三，将"不容有失"升级为"敢于试错"。

当然，"自由"同时会伴随着"风险"，孩子有了支配金钱的自由，就难免会犯错误。我们作为家长，也得有接纳孩子乱花钱、犯错误的思想准备，并将其视为孩子成长的代价或者是"学费"。当孩子乱花钱的时候，要让他承受相应的责任，付出相应的代价。

我相信每一位家长都有能力将身边孩子的钱袋子管牢。但为了让孩子学会自己管好钱袋子，我还是决定敢于试错，允许孩子犯错，也允许自己在教育上犯错。同时还要不断调试家庭的策略，适度平衡"自由"与"控制"的尺度。比如，最近我们家下调了孩子持有压岁钱的比例，新增加了一个要求：在非必要消费时，先问问自己消费的动机是否理性，消费是否有价值？

我认为，让孩子在小错中学会花钱和理财，才能避免未来成年后可能发生的大错，毕竟成年人在金钱方面犯错误，经常会造成不可挽回的严重后果。为了让孩子在"磕磕碰碰"中形成正确的金钱观，还是有必要给孩子"创造"一些犯错误的机会的。

以上三点，仅代表我个人观点。金钱观教育本来就是一个颇有争议的话题，如果各位家长有不同意见，欢迎多多交流讨论。

爱君：硕文，你觉得两位爸爸的方法和理念怎么样？你也说说你对自家宝贝的指导方法？

硕文：我曾和女儿一起看过一本财商启蒙书——《穷爸爸·富爸爸》。书中的核心观点：你不再为金钱而工作，而是让金钱为你来工作。我们都很赞同。这个核心观点结合前段时间一个点赞超高的视频就很好理解了——视频中，儿子看到路边的乞丐，觉得很可怜。爸爸巧妙地教育孩子：你一定要好好读书，以后就会有能力帮助他们就业……

我和女儿有着共同的"金钱观"：分清"我想要"和"我需要"。这里讲一个小故事：

寒假里，我女儿吐槽她的手机严重落伍和充电不畅。因为我们先前有约定，高考一结束就立即买新手机。想到距高考还有一年多，我有点心软了，主动说："要不，我们就提前买吧？"没想到女儿坚定地说："我确实想要一部新手机，但我目前还不是很需要，因为高三这一年，我肯定是要跟手机'隔离'的。"

 贴心建议

爱君：最后，我们请三位嘉宾再就孩子的财商培养，给出简洁的建议和提醒，好吗？

史爸：我认为，孩子的财商很重要。孩子的金钱观，未来会影响到他（她）的择偶、家庭、事业与人生。父母一定要防微杜渐、未雨绸缪，把握正确的大方向，要从娃娃抓起！

刘爸：金钱教育是人生的必修课，重点是培养孩子对待金钱的正确态度，让孩子对金钱有一个健康的认知。

硕文：关于财商和金钱观的话题，实质内核是培养好孩子的价值观，以自身的价值来驱动金钱，而不是被金钱支配人生。在孩子成长的道路上，我们做家长的要支持孩子不断地"打怪升级"，强大自己，丰盈内心，还要把财商培养和孩子的自律意识、自理能力、劳动观等方面科学融合，这样就能契合孩子的性格与家庭实际，得到最佳收获。

爱君：都说物质基础决定上层建筑，在物质富裕的当下，一些孩子甚至父母可能对"理财""惜物"没什么概念，今天的话题聊得很深入，三位嘉宾给的办法和建议也都非常贴心和实用，感谢三位嘉宾！

祝愿孩子们在未来的人生路上善理财、理好财，拥有精神物质双丰收的幸福人生！

看爸爸怎样
提升孩子逆商

📒 爸爸简介 ◢

鲁国飞（鲁爸）　　机关单位职员　　家有一儿一女

侯忠林（侯爸）　　建筑设计师　　　家有一儿一女

 导语

不经历风雨，怎能见彩虹？当家长们千方百计为孩子争取各种优势和资源的时候，有没有想过，终究有一天，父母要淡出孩子的人生？那之后的旅途中，当考验再次来临，孩子会怎样克服困难，化解危机？既然人生挫折难免，那就早点培养孩子直面挑战的能力和勇气。

智慧论坛

爱君：今天我们聊的主题是"看智慧爸爸怎样培养孩子逆商"。逆商是什么？为什么要培养孩子的逆商？培养的路上，孩子和爸爸都遭遇了怎样的考验？我记得我们最早听到称呼人在某方面的能力和素养时，用"商"这个字，是智商，后来听到情商，我们上期聊的是财商，今天聊逆商。我们先请硕文给大家解读一下，什么是逆商？

硕文：智商主要体现在学习能力和实践能力上，情商主要体现在自我情绪管理及沟通合作能力上。逆商，则是衡量一个人面对挫折、摆脱困境和超越困难的能力，也更多体现孩子的意志力、抗挫力方面。

每一个孩子在学习和生活中难免会遇到各类问题和困难，产生挫折

感。逆商高的孩子面对挫折时能积极面对，把失败当成动力，很快就能调整好自己的状态；逆商低的孩子面对困难时会不知所措，一旦失败就会一蹶不振。在智商和情商都相差不大的情况下，逆商（挫折商）对一个人的成功起决定性作用。

爱君：好的，我们明白了，逆商就是面对挫折和考验时的毅力和应对能力。这样看来，我们今天这两位智慧爸爸的育儿故事，会非常令人好奇和精彩。因为都说"好事多磨"，曲线最美，说明孩子在成长的过程中，是遇到过一些考验的。

我们先请鲁爸来分享一个自己印象最深刻的故事，就是回顾孩子这些年来的成长，你首先想到的那件事。

鲁爸：五年级暑假有一件事情我印象很深刻。

那段时间因为小鲁缺少运动长胖了，于是我就和他约好，晚上8点钟左右一起绕着小区跑步。我跑5公里，小鲁跑1公里，他跑完就在小区的超市门口等我，一起回家。

坚持了几天，我觉得效果不错。可超市边上开了一家日料店，每天把做好的寿司放在门口的桌子上，扫码付款就可以拿。小鲁看到，就嘴馋了，每次跑完都说要吃寿司，我也断断续续给他买了。结果，一段时间跑下来，小鲁不仅没瘦下来，反而看上去更胖了。于是我就和小鲁说，以后跑步不能再吃寿司了，不然跑步白跑了，小鲁就不愿意了。

有一次一起跑步的时候，他一直和我说想吃寿司，说吃不到寿司就不愿意回家了。我告诉他，反正寿司今天肯定是没有的，回不回家自己决定。当时我想表达的意思是我的态度是很坚决的，结果小鲁就真的待在小区楼下，不肯和我一起回家了。

我回家之后，一直在阳台上观察小鲁的情况。他在小区楼下转，时不时朝着家里方向看看。当时我是有点担心的，虽然我们一直住在这个小区，他对小区里面很熟悉，但毕竟是晚上。我和他妈妈商量了一下，认为还是要考验他，不能惯着他这样胡闹。于是我们就轮流观察。一直到晚上 12 点多，小鲁妈妈看见他在楼下的凳子上坐着，就下楼把他带上来了。我们复盘了一下事情的经过，小鲁也认识到自己的问题。

那天交流好，洗澡睡觉的时候已经凌晨 1 点多了。累是有点累，但是那天我们和孩子都是有收获的。我们达成了共识，对事情可以有不同意见，但要讲理，多交流，不要性子。如果那天我硬拉着他的耳朵回家可能更省事儿，但是有时候事缓则圆，没有那次交流，也没有后面达成的共识了。

爱君：看来这件事对于小鲁的成长来说，是标志性和里程碑式的。那侯爸也来分享一个故事好吗？

侯爸：在我们生活中经常伴随着考验。

有一次，小侯同学累积了几天的家庭作业都没做，妈妈让他把作业补上，他觉得太累了不肯补，因此两人发生了争执。在这个问题上我是支持妈妈的，必要的练习还是要做的。小侯同学当时觉得我们非常地不讲道理，一点作业也不肯做了，拉长了脸以示抗议。后来他看到我和妈妈都不肯妥协，就站起来回房间睡觉去了。妈妈非常生气，貌似脾气要爆发，我做了一个暂停的手势，轻轻地对她说："淡定！"

稍等了一小会儿，给小侯同学平复心情的时间，然后我再来到他房门前，故意提高嗓门对妈妈说："当当（小侯同学的小名）长大懂事了，我相信他知道我们的良苦用心。"之后我们也洗漱休息了。

第二天一早打开房门，儿子给了我一个大大的惊喜，在我们卧室房门上贴了一封道歉信，还画上箭头，写着"请打开它，打开有惊喜"。

这个事情说明我们做对了。家长不要步步紧逼，给予孩子自我思考的时间，他反而会反思自己的问题。这是一次很好的挫折教育，当他遇到挫折有情绪时，我们先接受他的情绪，给予安抚或者冷静的时间，避免针尖对麦芒，之后再和他复盘，分析解决问题，这样对他的帮助更大。

爱君：幸福的家庭都是相似的，优秀的爸爸也是相似的。两位爸爸都清晰地记得孩子的成长轨迹。硕文，小鲁和小侯都曾是你的学生，你对他们有印象吗？能说说你眼中的他们是什么样子的吗？

硕文：这两个孩子有着10后新生代的显著特质——个性十足。因为非常有自己的思想，会挑战权威，说教、压制等简单的教育方法根本不适合他们。只有让他们内心真正认同，才会产生教育的作用。

爱君：硕文觉得，两个男孩的在校表现和他们在家和爸爸相处时的表现是否有很大不同？原因是什么？

硕文：差异很大。先说说小鲁同学。小鲁同学在学校是很活跃的，特别喜欢参加一些集体活动，表现欲望比较强，而在和爸爸相处的时候就比较稳一点。小侯同学是慢热型的，跟爸爸的沟通很顺畅，相处得也很融洽，但是在学校里的表现有点孤僻不合群。

原因有很多，先说一个巧合。小鲁和小侯同学都是在读幼儿园中班时，妹妹出生了。家里迎来了另一个小生命，父母的重心必定是有所转移的。侯爸说过，当时幼儿园老师说班里有"四大金刚"，小侯同学就是其一。但父母当时也只是觉得男孩子比较顽皮罢了，没有引起重视。读小学后，就发现孩子人际交往能力缺乏，在学校里容易和同学发生争执、起冲突。鲁爸注意到了当时对大宝的忽视，后来夫妻俩去上了二孩家庭亲子关系的课，学习以后逐步调整过来。

爱君：刚才两位智慧爸爸说的故事，可以说是考验的第一步，之后还有过怎样的考验？这个考验，可能会让父亲明白一些道理或发现一些问题。鲁爸能再说一个故事吗？

鲁爸：这个故事发生在小鲁三年级的暑假。

有一天，我们一家人吃好饭去广场散步，看见有很多小朋友在玩旋转小降落伞，玩的人往天上扔，掉下来的时候降落伞上的灯一闪一闪旋转起来很漂亮。小鲁也想玩，我们让他去问价钱。他去问了，跑回来说很便宜，只要 5 块钱 1 个，就拉着我去买。买来以后，他玩得很起劲。回家的路上，我和他边走边聊：这个降落伞在网上批发 2 块钱左右 1 个，100 块钱可以买 50 个，你到广场上卖 5 块钱一个，一个赚 3 块，可以赚 150 块钱。我投资，你负责卖，赚了钱我们对半分，怎么样？他算了一下，说这样很好，可以的。于是我就在网上花了 100 块钱购买。降落伞很快就到了，小鲁却不愿意去了。后来劝说了半天，妈妈陪着他一起去了。结果到了广场上他又难为情，不愿意了，还是靠妈妈卖掉了 1 个，其他降落伞都拿回来了。再后来，说什么他也不愿意去了。

本来在我们家长眼里，以为小鲁是一个大大咧咧、有点人来疯、喜欢热闹的孩子，通过这件事情发现了他的另外一面。当时问他为什么不愿意完成这件事情，他自己也说不清楚。也许是一下子到了某个环境感觉难为情，也许是感觉赚差价这件事情不好，或者是对钱没有概念，认为 5 块钱买个玩具便宜，到自己去赚钱就不愿意了。我想等今年暑假把这些降落伞拿出来，和小鲁再探讨一下，把这个事情画上一个句号。

侯爸：我家宝贝成熟得比较晚，对很多事情懵懵懂懂，特别是遇到棘手的事情时，不懂得如何处理。有一本书给了他很大的帮助，书名是《给孩子的第一本法律启蒙书》。这本书是从法律的角度，对发生在家里、学校里、生活里的一些琐事进行了全面解读。孩子特别喜欢，要求我每天睡前给他讲一篇。他从中明白了哪些事可以做和哪些事不可以做，做错了事就要承担起相应的责任，对构建他的世界观、人生观和价值观影响很大。

爱君：好的，我们讲过了孩子遇到的考验，听过了爸爸们的心声，现在我们来听听爸爸们是怎样应对的——想要孩子高逆商，爸爸自己肯定首先有很好的基础和基因嘛。

鲁爸：我来分享两个事例。

有一次小鲁和我说，同学们都在练字，他也想去练，于是我就和他一起去了。到了练字的地方看了一下，有小朋友也有成年人，成年人主要练习的是书法。出来以后他对我说，想让我陪着他一起练，他练硬笔，我练毛笔。一个学期下来，他的硬笔字还是老样子。而我星期六、星期天有时间的话，就花一小时来写，慢慢地写得和字帖上有点像了。于是我每次写好了都要给他看看，特地让他点评一下。

我想写毛笔字这件事情我会坚持下去，一来能养心，二来也主要是为了练给孩子看，让他能明白，做事情走不走心结果完全不一样。

去年我们开始练吉他。因为考虑到小鲁没学过乐器，而且吉他方便，容易上手，这样可以培养一个兴趣爱好，也可以提高他的注意力和定力。小鲁刚上手练的时候还挺认真，但开始讲乐理的时候就不上心了。而对我来说，乐理还能理解，吉他弹起来真有点难度。按照吉他老师说的，是我的乐感不如小鲁。

我想通过这件事情证明一下，虽然我的乐感没小鲁好，但是我可以通过努力练习，走心去学，也可以比他弹得好。

爱君：侯爸呢？我听说你还专门带孩子去北京的朋友家里玩过。说说孩子在北京的表现吧。你带孩子去北京，有什么教育的期待吗？

侯爸：我们去过两次北京，分别是一年级和三年级暑假。

一年级的时候，孩子在家调皮任性，让他到北京参加军事夏令营，是为了锻炼他的独立性、纪律性和团队意识。夏令营是封闭式管理，他刚开始不愿意去，给他找了一个大哥哥带着才肯去。到里面以后，是按照年龄分队伍的，和大哥哥一个队伍的计划落空了，再加上早操、站军姿、晚训特别辛苦，第一天他就受不了了。他们是每天晚饭后，可以与家人通一次电话。和我夫人通电话时，他哭得撕心裂肺，说坚持不下去了，让我们接他回家。我夫人心疼得也哭。我还是鼓励他坚持住，不经历风雨怎能见彩虹？巧的是他们的生活教官也是浙江人，把他安抚住了。他跟我们说，教官给他起了个绰号叫"小浙江"。第二天通电话时，还是要我们接他回家，但是明显感觉情绪缓和了很多。第三天通电话时，他跟我们说交到了好朋友，这里挺好的。夏令营一期是 7 天，结束时我们去接他，远远地看到他，我的眼泪就在眼眶里打转。他整个人晒得黑黝黝的，就像从非洲来的一样，但是整个人很有精气神，军姿飒爽，走路抬头挺胸。看到我和他妈妈，他就跑过来和妈妈拥抱。

2021 年暑假，小侯又去了夏令营，这次轻车熟路，又交了一个好朋友，还介绍给我认识。为了方便联系，在他的建议下，我与对方父亲互加了微信。这次军训结束后，我带他去朋友家做客。朋友家女儿当时 20 个月大。在家都是我们照顾他的衣食住行，而在朋友家，他担起大哥哥的责任，照顾起小妹妹。上个月朋友还发来抓拍的视频给我看，夸赞小侯懂事，很乖，暖男一枚。

爱君：硕文，你点评一下两位爸爸的应对水平？

硕文：鲁爸的"努力练习，走心去学"无招胜有招，堪称教科书式的引领。"练习"是提升逆商有效的方法。因为逆商简单来说，就是面对挫折或者挑战时的应对能力。逆商不够，背后的根源是恐惧。消除恐惧最有效的方法就是——练习。

侯爸知道要帮助孩子培养面对失败挫折的情绪能力。他主动给孩子创设情境，去夏令营锻炼。给孩子"挫折教育"和给孩子"挫折"是截然不同的，前者是帮助孩子在挫折中看见和提升自己的抗挫折能力，而后者只是手段，不是目的。如果一味地强调"挫折"，忽视挫折背后的成长，反而会挫伤孩子面对困难的信心。

两位爸爸引导孩子管理好自己的负面情绪，就有了应对与战胜挫折和逆境的心理力量，这股力量就是心理韧性。心理高韧性的孩子具备四大特质：社会竞争力、问题解决能力、自主性、目的性。他们有着坚定的目标，对未来充满希望。

爱君：我很敬佩两位爸爸的耐心和细腻。不过我听硕文说，两位爸爸为孩子的付出还不止这些，你们都为了孩子，对自己的生活模式或者状态进行了调整。我觉得这个付出是很重大了。鲁爸能说说自己当时的考虑吗？

鲁爸：其实第一次做爸爸，和自己想象的有很多不一样的地方。回想起来，我的准备是不够充分的，很多事情凭自己的经验和想象来，自认为能处理好，其实真正遇到育儿问题时会手忙脚乱。本来我的工作时间不是很固定，后来慢慢调整，现在我和儿子能碰到一起的时间多了，这样可以有更多陪伴，遇到问题了也可以及时交流。

育儿是门学问，要向老师学，向书本、网络学，也要在实践中学，需要与时俱进，应该是一个不断调整状态的过程，也是不断相互促进的过程，结果和过程一样重要。很多爸爸妈妈的想法应该都差不多，为了孩子的成长付出是值得的。

爱君：侯爸也说说吧？毕竟从北京回嘉兴，生活模式或者状态改变得可能会更多。

侯爸：我是在小侯同学一周岁时到北京工作的。刚去比较忙，我很少回来，陪伴他的时间不多。

记得小侯同学上中班的时候，感冒发烧烧成了肺炎，需要住院治疗。我从北京赶回来，他对我说的一句话让我记忆犹新。他说："爸爸，是不是我生病了你就会回来看我？"那是我第一次觉得父亲做得不称职。

后来，也许是为了引起我们和老师的注意，他总是表现得顽皮捣蛋，事后又不知所措，以一种强硬的姿态抵触外界。特别是三年级之后，当我知道他面对困境一个人应付不来了，需要我的帮助和支撑时，我就义无反顾地挤出时间奔波于两地之间。从每个月回来一次到每周回来一次，再到现在大部分时间待在嘉兴，陪他聊聊天、下下棋、出去打打球。小侯同学逐渐地乐观阳光起来，喜欢运动、积极上进、学习努力，看着他的进步与成长，我觉得收获更多，幸福满满。

爱君：都说男人们很含蓄，两位爸爸可能还谦虚地保留了一些自己的付出。硕文，你了解到的，除了这些之外，他们还做出了哪些努力？

硕文：是的，两位爸爸做的努力远远不止这些。两位爸爸教育理念的转变、言传身教的引领成为孩子心中的光，这束光引导着孩子一次次走出困境，直面挫折，迎接挑战。孩子的班主任周卫飞老师见证了孩子们的变化，我们来听听周老师的心声——

说来也巧，我先后成为这两个孩子的班主任。回顾两个孩子的成长过程，确实欣喜地看到在两位爸爸的教育理念和教育方法转变后，孩子们有了突飞猛进的变化。在爸爸们的长情陪伴和智慧引导下，孩子们渐渐变得阳光向上，做事变得富有责任心。

这样的阳光积极体现在对自己成长期待的变化。从之前比较容易自我否定，甚至有时候遇挫之后会自暴自弃，到逐渐产生自我肯定的心理，建立自信心。这样积极的自我心理建设，对于孩子而言是异常重要的。可以说，两个孩子无论是学习上还是生活上，都有了正能量的显现。在面对困难挫折时，他们能试着寻求方法去解决问题，虽然有时候不见得能立刻迎刃而解，但他们没有灰心，在"我要表现得好一点""我也可以做得很好"的积极心理的驱动下，经常能感受到孩子能为自己的点滴进步而感到自豪，向阳生长的内驱力的萌发是难能可贵的。

负责任的成长表现在孩子们的集体生活中。因为逐渐懂得了友善、包容的力量，两个孩子在班中的人际关系也经营得融洽、和顺。为什么用"经营"这个词？说明孩子明白了与人为善、事在人为的道理，他们开始关注自己在班级中的价值。我付出了一分，同伴就会与我走得更近、心靠得更近。因此，我们也会看到孩子们在班级中努力让自己有正能量的表现，积极地参与班级活动，找到发挥自己长处的机会，与同伴的相处仿佛有了"润滑剂"，少了摩擦，多了欢乐，在师长面前也更活泼、更自信。

孩子们令人欣慰的进步与提高，离不开爸爸们的耐心付出，更离不开孩子们自我进取意识的增强。祝福两个孩子在接下来的成长过程中继续向阳生长。

爱君：两位爸爸的努力让人感动。那在爸爸们的眼中，孩子有了哪些进步？

鲁爸：小鲁的规则意识增强，开始按照"套路"出牌了；学习不用我们一直陪着了，开始自我管理；日常生活上开始自己独立了。

爱君：侯爸也说说你家宝贝吧。我知道他还有个妹妹，能说说妹妹眼中的哥哥有什么变化吗？

侯爸：这个问题我还真跟妹妹聊过。妹妹说："哥哥变'聪明'了。"我很惊讶地问："怎么讲？"她说："他被批评的次数越来越少了，被表扬的次数越来越多了呀！"

他们两个还是铁杆盟友，感情很好，哥哥在妹妹眼里是靠山。哥哥在小区里玩耍，妹妹总是要黏着哥哥。

小区里的滑梯上面破了一个洞，中间是空的。有一次，妹妹的手表不小心掉进去了。哥哥想了很多办法也没有够到手表，妹妹着急得哭了。哥哥便开始安慰妹妹，并向我打电话求助。我叮嘱他照顾好妹妹，我20分钟后赶到。

当我赶到的时候，问题已经解决了，这使我感到非常欣慰。我特意问小侯同学："你是怎么解决这个问题的？"他解释道："因为妹妹哭得太凶了，你要好久才来，我就带着妹妹去找物业求助。他们在滑梯下面开了个洞，这才帮我们拿到手表。"

这件事情说明，孩子在遇到困难时，能积极地应对，想办法克服。这也是逆商的表现吧。

爱君：硕文眼中，两个孩子在逆商方面有了哪些提升？表现在哪些方面？

硕文：逆商理论提到，**逆商由四个维度构成：掌控感、担当力、影响度、持续性**。其中，很重要的一点就是掌控感。拥有强大掌控感的前提是坚信"任何事情都能做到"，也就是孩子们口中的"我可以"。

小鲁同学在六年级快毕业前，做了一件让很多同学佩服的事。他为学校的心理活动月创编了主题曲《嘉实少年》，还邀请班里两位女生一起录制了歌曲。

♥ 贴心建议 ←

爱君：中国人喜欢说"好事多磨"，我们也爱说"曲线最美"，一些波折一些考验，常常让我们的人生更丰富。对于孩子来说，成长路上的考验，有爸爸妈妈和老师们一起努力，不仅成功地化解了当时的困难和沮丧，还培养和提升了自己的逆商。所以，直播的最后，要请两位爸爸给出一些实用的建议和提醒。

鲁爸：在孩子们的眼里，爸爸和妈妈都是非常厉害的。其实我们身上也存在着一些不好的习惯或者问题，也许会让孩子们感到"烦恼"，但他们始终保持包容的心理，常常把我们的"闪光点"记在心里，挂在嘴上。或许在育儿路上会遇到各种问题，但作为家长，我们应该相信孩子会把遇到的问题一个个解决，相信他们能成为我们的骄傲。所以"信任感"很重要。

侯爸：我非常赞同鲁爸的观点：相信自己的孩子，相信信任的"力量"是无穷大的。我把经常对自己说的一句话送给各位朋友们——"平和而坚定"。"平和而坚定"既是对自己的告诫，也是对孩子的态度。平和而坚定地陪着孩子一起成长，静待春暖花开！

爱君：请硕文先点评一下两位爸爸在孩子逆商培养上的综合表现，然后对逆商培养再补充一些建议，好吗？

硕文：我们来做一个形象的比喻，抗挫折能力是更像"举重能力"，还是更像"抗洪能力"？有的家长会觉得像举重：一次性举起得越重，说明能力越强。但问题是，我们能一直举着、一直扛着吗？这次扛住了，下次也一定能扛住吗？举重，看的只是眼前的短暂表现，而人生却是长久而持续的，因此抗压抗挫能力更像是"抗洪工程"，需要我们具备长期"抗洪能力"。

如何培养"抗洪能力",我为大家提供四点建议。

1. 不代办思维——学会放手,让孩子在试错中走向独立

孩子的成长,需要经历很多错误和挫折。我们千万不能妄图把孩子与错误、失败、挫折等隔离开。最好趁势引导孩子自己去面对问题,开动脑筋想办法。

2. 不贴标签思维——引导孩子积极思考,正确应对逆境

有一项心理学实验:一群孩子玩拼图游戏,面对困难时,孩子们会有不同的表现,有的选择放弃,有的则是愈挫愈勇。研究发现,这些孩子之间的根本差异在于思维形式:固定型思维和成长型思维。拥有成长型思维的孩子,在面对困难和挑战时就会有积极的态度,也更容易取得成功。

3. 不挂钩思维——失败不与孩子能力挂钩

家长要让孩子们明白,一次不成功,并不代表失败,而是暗示孩子在这一领域的学习中,仍需改进提升。这样,孩子就不会在乎一时的输赢,不会将事情的成败与自己的能力挂钩,会在失败中总结经验和教训,努力学习,使自己的能力越来越强。

4. 不冲动思维——理性面对孩子的挫折情绪

有些孩子,遇到不顺心的事情,听到不顺耳的话,就不能很好地控制自己的情绪,会不分场合发泄情绪。所以,教会孩子排解负面情绪,也是培养孩子抗挫力的关键。

爱君:阳光总在风雨后,风雨是成长路上避不开的考验。孩子逆商高,风雨就会成为他们成长路上独特的风景和财富。祝愿我们的孩子在今后的人生路上始终勇毅前行,收获满满。

看爸爸怎样
激发孩子自信

爸爸简介

徐周贤（徐爸）　　　国企管理人员　　家有一女

曾金炳（曾爸）　　　初中班主任　　　家有一儿

导语

大庭广众下从容不迫地发表观点，在热烈的掌声中亮出歌喉和舞姿，面对比自己更出挑的同龄人能真诚地送上祝贺并且积极向榜样看齐……这样落落大方、心胸开阔的孩子，是很多父母的"梦中情娃"吧！其实，只要引导得当，这样自信的孩子也可以是你家的……

智慧论坛

爱君：今天的两位爸爸各有特点：徐爸是徐妈的好助手，两人一起培养了非常自信和优秀的女儿；曾爸也和曾妈一起把儿子培养得充满自信，曾爸还有多年初中班主任的工作经验，对初中孩子在自信力的培养上，非常有心得和见解。所以，我们今天的直播主题就是：看爸爸怎样培养孩子的自信。

我想先问一下硕文：以您多年的经验和研究看来，现在的孩子在自信这个品质方面，有怎样的特点？

硕文：<u>自信是由积极自我评价引起的自我肯定，是一种积极向上的情感倾向，是相信自己的一种心理状态。</u>现在的孩子，从小各种信息量接受多，才艺学习培训多，敢于探索、质疑，迎接各种挑战。我接触到许多自信的孩子，他们会在同学面前大胆表现自己的优点、长处，会在长辈面前自信交谈、提建议，还会在老师面前勇敢推荐自己，积极参加各种活动。

此外，孩子自信也能够塑造他们的人格特质。孩子自信对塑造人格特质的具体影响，主要体现在以下几个方面。

1. 自主性：自信的孩子通常更有自主性，他们有勇气和决心去追求自己的目标和梦想，能够更好地掌控自己的生活和学习。这种自主性也会让他们更具有创造性和创新性。

2. 坚韧不拔：自信的孩子在面对困难和挫折时更能够坚持下去，他们相信自己可以克服困难，因此更有毅力和耐力去追求自己的目标。这种坚韧不拔的品质是成功的重要基础。

3. 适应性：自信的孩子更有能力适应新环境和变化，他们能够更好地调整自己的状态和心态，从而更好地应对挑战。这种适应性也可以让他们更好地适应社会的不同变化和需求。

4. 社会能力：自信的孩子通常更容易与他人建立良好的关系，他们更能够理解和尊重他人的想法和感受，更能够融入社会。这种社会能力也可以让他们更好地与同伴、老师和家人进行沟通和合作。

5. 乐观开朗：自信的孩子通常更乐观开朗，他们相信自己可以克服困难，因此更积极向上，更愿意与他人分享自己的快乐和成功。这种乐观开朗的品质可以让他们更加开心和满足，从而促进他们的心理健康。

自信对塑造人格特质有着重要的影响，它可以让孩子更加自主、坚韧不拔、适应性强、社会能力强。因此，作为家长和教师，我们应该积极培养孩子的自信心，让他们在成长过程中更好地面对生活中的挑战，塑造出更为健康、积极的人格特质。

爱君：这其实也是我们专门推出此次直播的原因和初衷。很多爸爸妈妈都希望自己的孩子能充满自信地学习和生活，但孩子却喜欢宅在家里或者躲着人，一听说要当众发言，就开始推脱逃避。我想问问两位爸爸，有没有过类似的烦恼？

徐爸：我们家好像没这方面的烦恼，孩子一上台就会特别自信。孩子读幼儿园时，只要有亲子演出，我们就陪她一起上台表演（我们夫妻俩艺术细胞很一般，纯粹是支持孩子）。女儿喜欢唱歌，我们就陪她一起 K 歌，我们一直是她的"铁粉"。这次学校的艺术节，让她主持＋表演，我们全家一如既往地支持她，奶奶还连夜给她改制了礼服。我觉得良好的家庭氛围就是孩子自信的原动力。

曾爸：我有这样的烦恼。我家孩子对着镜头拍照或者录视频时，表现有点不太自然。因为是男生嘛，从小可能对他这个方面的培养和锻炼有所忽略，因此，慢慢长大之后，我就有这么一个感觉。能不能找到一种方法，能够让他自信又大胆地面对镜头、面对人群去讲话或者发言？对此，我一直比较苦恼。

爱君：小徐同学给我印象很深，倒不是她在讲台上，而是在今年 10 月的一次政协活动上，她作为学生代表做了一个发言。我想，硕文对小徐同学的了解更多，能否介绍一下她在嘉兴市实验小学时的光荣事迹？

硕文：徐爸说一个良好的家庭氛围是孩子自信的原动力。这一点，我非常认同。小徐的爸妈就是小徐自信的底气。小徐喜欢唱歌，父母就陪着她在田间高歌；小徐欢快舞蹈时，妈妈拍摄、爸爸伴舞。六年级，小徐同学面对全校师生，自信演讲，最终以全校最高票，当选大队长。我校的大队辅导员薛悦老师这样评价她：

　　小徐同学是一个德、智、体、美、劳全面发展的同学。她是同学们的好伙伴，不管是在班级还是在大队干部中都有较高的亲和力和威信度。她用常人少有的坚忍毅力，将打乒乓球这件事做到了同龄人中的佼佼者。每天放学后固定时间训练，隔三岔五地还要代表学校甚至区、市参加上级比赛，可想而知其中付出多少的时间和精力。但就是在这样高强度的节奏中，她还能做到忙而不乱，学习上从没有落下过，除合理安排好当天作业外，还能自主超前学习。大队干部工作上，她带领各部门有序开展工作的同时，还经常代表学校参加上级的相关展示和演讲等比赛，为学校争光。学习、训练之余她还通过绘画、唱歌陶冶自己的情操，绘画作品也曾荣获区、市级奖项。

　　作为教导了小徐同学四年的数学老师及大队辅导员，在她的成长历程中，我看到了她身上自立、自律、自强的优秀品质，也正印证了这样一句话：真正的优秀，源于一个人的内在品质。相信小徐同学将来会走得更远。

　　爱君：我们现在都很好奇，徐爸和徐妈是怎样培养小徐同学这样的自信和风度的。徐爸能否举例说明？

　　徐爸：我家孩子的自信起源地是亲子表演的舞台。进入小学后，遇到的班主任特别温柔，她特别喜欢。她就有了人生的第一个梦想——长大后当老师。为了鼓励她追梦，我们就不断地引导她，让她把老师这个职业当作一束光，我们就做"追光者"。如何能成为老师呢？那就要从上课多举手发言、多上台演讲开始。可能是因为这束光的强大吸引力，她一次次地突破自我，不管是在班级里还是主席台上都能淡定自若，她也喜欢上了站在台上的感觉，因为这样才能释放她的自信。

　　硕文：我第一次跟小徐同学爸妈近距离接触，是小徐同学读四年级的时候。徐爸积极参加"智慧爸爸"课堂的学习，还成为"6 + X 成长营"的活动策划。徐爸策划的户外课堂，徐妈也积极助力，全程拍摄、记录课堂的精彩瞬间。那一刻，我看到小徐同学眼里流露的幸福和自信。

2020 年寒假，新冠疫情袭来，新学期无法返校，全校学生居家学习。超长寒假，网课学习，不能出门，缺乏师生间的交流，各种负面情绪交织而来。小徐同学与身边的四位同学组成了"疫"期规划行动力小组，开展"五色'云'规划，成长大动力"小课题研究。我们发起了五个"云"创意活动：踏上蓝色"智慧云"，线上学习有高招；旋转紫色"艺术云"，自信登上云舞台；拥抱橙色"生活云"，创意生活你点播；漫步绿色"健康云"，强健体魄迎返校；装点粉色"亲情云"，居家生活甜如蜜。因为每次线上"云"活动，都需要一位组长发起，选谁担任组长，的确是一大难题。（大家都没有经历过线上小课题研究，都自信不足。）这时，徐爸表示会与女儿一起在"云舞台"演出，徐妈表示会不断学习网络技术，支持小徐同学完成小课题展示。就这样，在爸爸妈妈的爱和支撑的力量支持下，小徐同学大胆尝试，信心满满，带领课题组成员圆满达成研究目标。课题研究成果不仅通过学校网站激发全校同学居家学习好心情，还被本市多个网站转载。

爱君：现在我想请问曾爸，进入初中后，男生和女生在自信的表现方面，有怎样的特点和表现？

曾爸：女生一般在语言表达、班级管理、文艺表演等方面表现相对突出，自信满满。比如班级活动的组织和班级的管理等方面，女生占多数；在校园的文艺汇演等场合，女生往往也会有更多的参与和表现。而男生在体育运动、动手操作、科技创造等方面更具优势。比如，在每年的运动会和校园篮球赛、足球赛等活动中，男生的表现往往更加亮眼。在学校科技节各项比赛（比如，科技小发明与小制作，机器人比赛）中，男生的表现更胜一筹。

爱君：硕文，这是成长道路上常见的特点和规律吗？为什么会出现这样的特点？

硕文：初中生在成长过程中，心理特点也非常明显。初一学生，刚刚跨入少年期，心理品质依然保留着小学生的特点。顺利时盲目自满，遇挫折时盲目自卑，有从众心理。不愿让大人管，但在学习和生活中遇到具体困难时，还希望得到老师和家长的帮助。初二学生，身体上发生了许多变化，有不同程度的对抗情绪的出现。表面什么都不在乎，实际上从众心理很重，既想标新立异又担心脱离集体。初三学生，独立性获得较大发展，喜欢同老师平等地讨论问题，"成人感"更加明显，自尊心大大增强，更渴望尊重与理解。

因此，为培养孩子的自信心，父母需要在孩子成长过程中，抓住心理变化特点，从生活中的点点滴滴入手，概括起来可以说是"三个积极"。

1. 积极评价，增强自我认可度

在孩子成长过程中，自我的认可对于增进自信心非常重要。进入初中，因为生活、学习环境的改变，竞争压力的加大，初中生学习、交友的积极性很容易被挫伤。家长要善于运用积极评价，并伴有积极的、有建设性的态度，去提升孩子的自我认可度。

2. 积极对话，更有相互包容度

前面我们说到，在初中，孩子的独立性获得较大发展，喜欢平等地讨论问题，自尊心大大增强。但是，在不少家庭中，家长还是太过强势。这样的后果就是，孩子心中的小心思、小秘密越来越多；心中有苦、有痛、有不满却不敢表达出来的孩子，就会越来越自卑、内向。

所以，家长应该给孩子营造一个有话可说、允许争辩的环境，支持孩子在自己独立思考的基础上，提出怀疑、发表观点，从而能在积极的交流沟通中收获自信。

3. 积极体验，注重成功积累度

我们说，保持孩子的积极的情绪，非常有利于自信心的培养。青春期，情绪状态起伏变化大，所以要注重良好情绪的养成。其实，每个孩子从小到大都是通过一次次小小的成功赢得自信，而这些成功的体验也在一次次地鼓舞着他们，给他们自信的力量，让他们变得更好。因此，家长要注重孩子平时成功体验的积累，让孩子自信面对生活。

爱君：好的。徐爸，小徐同学进入初中后，有没有在回家的时候和爸爸妈妈聊学校里的事？她有没有说过进入初中后，她所发现的男生和女生的不同？

徐爸：有的。每晚接她放学时，我总会和她聊起学校的事。她觉得两个阶段的男生最大的不同就是，小学时聊的都是奥特曼，初中了聊的都是解题思路；女生的话，小学时聊什么像是开盲盒，现在到了初中聊的都是学习方面的多一些。

随着年龄的增长，自己的主见意识增强，很多学生觉得与父母难以沟通，有话宁可与朋友讲，也不愿对父母说。无论在价值观、交友方式、生活习惯，乃至穿着打扮等方面，都容易与父母产生摩擦，不断加剧与父母间的心理隔阂。像我们家一般都是在生活中创造机会，平常工作忙很少和孩子进行沟通，我们就利用晚自修接送的时间交流班级里的一些琐事。周末固定让孩子陪爸妈一起做一件事，比如做饭、打扫卫生、逛街、看电视，边做事情边交流。

爱君：我们现在请教曾爸：进入初中后，学校一般会给学生提供哪些关于自信的培养或锻炼的机会？

曾爸：进入初中之后，学校一般都会有非常多的活动和机会来培养学生的自信心，让不同的孩子都有展示的机会和舞台。比如：**学业表现**（包括征文活动等），**艺术活动**（音乐、舞蹈、美术等），**体育活动**（运动会、体育节、各级各类体育比赛等），**科技活动**（科技创新大赛、机器人、编程、科技手工制作等），**日常活动**（班级活动、团队活动、国旗下讲话、开学典礼、结业仪式、毕业典礼等）。

爱君：明白了，这些是学校在做的，但毕竟学校人数多，日常可能还是要父母多留心、多鼓励。曾爸家正好是男生，所以来分享一下自己在培养孩子的自信方面，做了哪些努力？收到了怎样的效果？

曾爸：小时候，孩子不太愿意出门，好不容易出去了，也不知道如何跟不认识的小朋友交往，跟小朋友玩的过程中，遇到困难总是回来找妈妈，自己没有办法去解决。为了改变这点，我做了以下这些努力：

走出去，动起来。从小带孩子出去，小区、公园、商城、省内、省外。让孩子长见识，接触陌生人；培养孩子体育锻炼的爱好，多参加集体项目如足球、篮球等，增强体质。

读进去，画出来。从小让孩子听故事、讲故事、看绘本，孩子长大后喜欢阅读；孩子喜欢画画，一直在坚持画画，到目前从未间断。

经过这些年的努力，我发现孩子慢慢地愿意出门，能够主动地跟陌生的小朋友打招呼，在各种不同的场合，表现得越来越自信，还敢于在班级里去竞选班长和体育委员，更多地去主动参与班级管理。孩子的这些行为是他的自信心在不断增强的表现。

爱君：硕文对曾爸的做法怎么看？还有补充吗？

硕文：曾爸的育儿理念"走出去，动起来。读进去，画出来"事实证明是非常成功的，小曾同学不仅在班级的人气指数高，而且经常会挑战自己不熟悉的领域，自信地完成一个个高难度任务。

我发现和小曾一样充满自信的小学生，有这些特点：阅读力强，见多识广；体育好，有一技之长；善于人际交往，朋友多。

初中生的自信来源于哪儿呢？我与曾爸一起做了中学生自信心的问卷调查。初中生的自信来源可以从多个方面来看——

1. 个人成就。初中生在某些课程或领域中可能会有自己的优势和特长，比如体育、音乐、科学等。这些优势和特长可以让他们感到自豪和自信。

2. 社交关系。在社交方面，初中生可能会结交一些朋友，或者加入某些团体或俱乐部。这些社交关系可以让他们感到被接纳和被认可，从而增强自信心。

3. 家庭支持。家庭是初中生最重要的支持来源之一。父母或其他家庭成员的鼓励、支持和肯定可以让他们感到被爱和被关注，从而增强自信心。

4. 自我认知。初中生开始逐渐形成自我认知和自我价值观。他们可能会意识到自己的某些优点或特质，比如聪明、勇敢、善良等。这些认知和价值观可以让他们更加自信。

5. 学校环境。初中生的学校环境和老师也是自信心的重要来源之一。良好的学校氛围、老师的鼓励和支持、班级的互动和合作等都可以让学生感到被重视和被关注，从而增强自信心。

这些因素共同作用，帮助初中生建立自信心，更好地面对学习和生活的挑战。

♥ 贴心建议 ⟨

爱君：那我们来总结一下，请徐爸、曾爸给家长们一些提醒和建议。

徐爸：对胆小女生的家长们，我提供以下几点建议：

> 1. 多给孩子自主选择的机会。不要给孩子太多限制，适当提供引导和帮助。
>
> 2. 教孩子换个角度看问题。要相信孩子，只要她能换个角度看问题，就会找到战胜困难和挫折的办法，有了办法和能力，自信就有了底气。
>
> 3. 多运动、多微笑、多鼓励会更自信！

曾爸：对胆小男生的家长们，我提供以下几点建议：

> 1. 找优点，多肯定。用"放大镜"找优点，相信语言的力量。
>
> 2. 广撒网，慢收拢。用"探照灯"找兴趣，不局限文化学习。
>
> 3. 育特长，要坚持。用"聚光灯"找特长，深耕细作出精品。
>
> 4. 强规划，治未病。用"FAST天眼"，放眼未来规划优先。

爱君：硕文有补充吗？

硕文：小学是自信心培养的关键期，这一时期的自信培养将关系到小学甚至其一生的发展。作为学校的心理教师和家庭教育指导教师，这些年，我倾听了不少自信心不足的孩子的心声，找到了束缚孩子自信发展的五把"心锁":经常自我设限,家庭氛围影响,遇事退缩不前,人际关系不良,关键能力不足。针对这五把"心锁",我想送给家长朋友们解决问题、培养自信的五把"金钥匙"。这五把"自信钥匙",是我成功帮助许多孩子提升自信后,提炼出来的。

第一把自信钥匙——"尝试"

缺乏自信的孩子,最常挂在嘴边的一句话就是"我不行"。这个"不行",很多时候不是孩子的能力真的不行,而是孩子给自己设定了一个"高度",认为自己不管怎么努力都不可能实现某个目标,这种行为又被称为"自我设限"。

我教过一位女生,叫小欣,她各项能力不弱,但却经常说"我不行",不愿意参加班级任何活动。为了帮助她,我走进了她的家庭,发现小欣的父母都是单位骨干,能力出众。在优秀的父母面前,小欣总是战战兢兢,不敢去做任何的尝试,生怕做不好被父母批评。我与小欣约定,把"我不行"换成"我试试看",从消极暗示到积极尝试。一年后,小欣华丽转身,成为班中的自信女生。

第二把自信钥匙——"信任"

父母的信任对于孩子来说有着神奇的魔力。所以,父母要学会释放信任,传递信任。怎么做呢?分两步走。

第一步,多观察孩子,充分了解孩子的能力,确定孩子的能力水平与范围,这样就能找到释放信任的时机,为孩子创设能验证自己能力的机会。

第二步,创设一种常态,让孩子有参与家庭讨论的意识,这会让孩子通过一次次的表达,逐渐意识到自己的重要性。记住,要允许孩子意见不同、说错或者异想天开。孩子说对了,我们就采纳;孩子说错了,我们就帮助他学会正确地思考。就算孩子在异想天开，我们也不要立即否定，毕竟未来是不可确定的。

还有一点温馨提示：不要做"专制型""警察型"家长，别说"我是你爸，你得听我的！"这类的话。我们必须接受一个事实：孩子是在错误中成长的。当孩子犯错时，我们不吼不叫，不给孩子贴标签，依然传递信任，平心静气地与孩子交流。这样，孩子才能放松，才能自然地表现出真实的自己，尝试自行解决问题。伴随着问题的解决，孩子的自信就会与日俱增。

第三把自信钥匙——"鼓励"

如果父母一直用欣赏的目光看待孩子，在孩子突破自我或取得成绩时及时鼓励，并在日常生活中经常使用积极性语言，孩子就会阳光又自信。鼓励孩子要捕捉生活中的细节，给孩子方法、给孩子动力都是鼓励的一部分。鼓励孩子不是简单的一两句话，而是一个持续的过程，重点在于给予孩子自尊和成就感，激发其内驱力，进而提升自信心。

再教给大家一个简单又能持久的鼓励方法：让孩子制作一张"优点卡"，写下自己所有的优点，优点要全方位的，比如做事细心，声音好听，笑容灿烂，手指灵巧等，多多益善。写完后，把这张纸贴在显眼的地方。孩子参加任何活动前，先看看这些优点，并对自己说哪些优点能帮助自己取得这次活动的成功。这种无声的鼓励会让孩子提升参与这些活动的自信，这也叫作"自信的蔓延效应"。

第四把自信钥匙——"交往"

有足够自信的孩子多半具有良好的人际交往能力。对于孩子来说，良好的人际关系，会让孩子与他人和谐相处，又能得到积极的回应，由此孩子就会放松身心，展现自身的能力，从而得到更多的自信。我们不仅要教孩子基本的交往礼仪，还要教一些与人相处的技巧，关键是要引导孩子真心赞美他人。真心赞美他人也是用对方的优点来激励自己，给予自己努力的方向。真心赞美他人，孩子的内心会充满阳光，这种阳光将温暖孩子，化为孩子自信的动力。

第五把自信钥匙——"目标"

目标本身就具有激励作用。有了目标成功的体验，孩子就有信心接受更高难度的挑战。这些年我做家庭教育辅导时，经常指导家长和孩子用"目标达成五步法"，效果还是不错的。

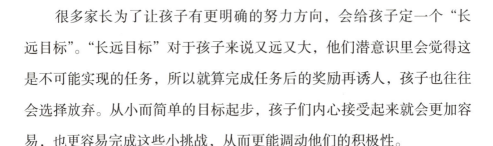

目标达成五步法

1. 选择踮起脚尖够得到的目标。

2. 把模糊的目标具体化。

3. 短期或中期目标要比长期目标更有效。

4. 要有定期反馈，需要了解自己向着预定目标前进了多少。

5. 对目标达成给予奖励，用它作为将来设定更高目标的基础。

很多家长为了让孩子有更明确的努力方向，会给孩子定一个"长远目标"。"长远目标"对于孩子来说又远又大，他们潜意识里会觉得这是不可能实现的任务，所以就算完成任务后的奖励再诱人，孩子也往往会选择放弃。从小而简单的目标起步，孩子们内心接受起来就会更加容易，也更容易完成这些小挑战，从而更能调动他们的积极性。

爱君：再问一个问题：我们在生活中也会看到有些过于"社牛"（在社交上特别大胆活泼）的孩子，两位爸爸怎么看？

徐爸："社牛"的孩子我们用土话形容就是"冲得出"，往往给人的感觉就是比较乐观外向，他们很懂得如何去与人相处。但是如果孩子过

于"社牛"，我觉得还是要适度地修正，因为当他习惯被朋友包围，偶尔独处了，就会不自信，会产生悲观情绪。

曾爸：社交很厉害？很好，这也是一种稀缺的能力，可以鼓励并创造他发挥的舞台，提前规划他的发展道路。同时，可能会出现不太坐得住的情况，这需要正确引导。

爱君：硕文怎么看？有没有建议？

硕文："社牛"的孩子，社交对他而言，是一件非常轻松愉快的事。交往能力是自信心的表现之一，但并不是全部，正如两位爸爸所考虑到的，也是有需要关注和引导的方面。

一是引导知礼仪

同学、朋友间的交往需要注意言语、方式方法，也要学会倾听别人，关注别人的感受，不能只以自己为中心，或者为引起关注度而过于表现，忽略周围人的感受。

二是引导知筛选

表面上看，"社牛"的孩子可以跟各种性格、各种类型的孩子交往，朋友多，号召力强，还有领导范儿。但事物都有两面性，朋友一多，繁杂的事情也会相应增加，独处、静心思考的时间就会减少。所以，"社牛"的孩子在朋友交往时，也需要有所筛选。毕竟时间是有限的，主要精力还是在学习上，不能消耗过多时间在不必要的事情上。

三是引导知远近

"社牛"的孩子可以跟各种性格类型的人打成一片，因为没有把握交友的质量，一旦交友不慎，会面临一些友情冲突、道德选择等。我们常说"近朱者赤，近墨者黑"，所以社牛的孩子在选友上，也要有辨析，多接近品格优秀的，避免受不良影响。

四是引导知借力

"社牛"的孩子有时要照顾方方面面的朋友，如果背后缺乏强有力的支撑，自己会产生烦躁和无力感。比如我们心理委员团队的白姐（在班里威望高、朋友多，同学们都称她"白姐"），就像姐姐般照顾着班里的弟弟妹妹，班里发生任何事，她都会帮忙。白姐也会遇到棘手的事，幸好她背后有强大的支持力量，不仅爸爸妈妈全力支持，每周的"心理委员成长营"还会同班互助，蓄力前行。

爱君：感谢硕文和两位智慧爸爸。我想，经过今天的一番热聊，爸爸妈妈们在孩子的社交问题上会少一些困惑，多一些理解和引导方法。祝愿孩子们都能越来越自信！

第十二课

看爸爸怎样
引导孩子把握当下

爸爸简介

陈小强（陈爸）　初中班主任　家有一儿一女

郑　浩（郑爸）　高中班主任　家有一儿一女

 **导语**

如果把大学之前的学习比作一场兼有快乐和辛苦的旅途的话，那么，不同旅程各有哪些值得重视和珍惜的风景？各个重要站点之间的换乘有哪些"注意事项"？

作为一名学生，在小学、初中、高中这三个不同学段中，怎样出色完成各个学段的学习任务？各自的难点是什么？主要是哪些方面的衔接和过渡？

智慧论坛

爱君：我们今天的嘉宾阵容，有点特别——涵盖了小学、初中、高中三个学段的名师和专家。

硕文老师，大家都很熟悉了。她来自嘉兴市实验小学，是浙江省家庭教育讲师团成员，也是嘉兴市首批幼儿园中小学家庭教育工作室主持人。今天，她更侧重于以人生发展方向为导向的小学基础教育的角度，来解析人生规划和小学阶段学习的关系。

陈小强，是嘉兴一中实验学校初中科学名师，也是嘉兴市实验小学的"智慧爸爸"。陈老师在嘉兴一中实验学校从教10多年，培养了很多中考成绩亮眼的学生，作为班主任，更有很多有趣的育人故事。我们等一下请他给我们分享。

郑浩，这位班主任不仅喜欢教学生解数学题，更喜欢带着全班同学一起高喊：我们是"郑能量"一家人。这就是嘉兴一中实验学校高二（1）班的班主任，郑浩班主任工作室主持人，充满"郑能量"的郑老师。

今天的直播真的非常有特点，又特别有意思，就是我们把小学、初中、高中的名师给配齐了。我们这一场打通了中小学各个学段的直播，主要是从人生规划的角度来给家长和孩子们提供建议。

如果把大学之前的学习比作一场兼有快乐和辛苦的旅途的话，那我们怎样让中途的换乘更顺利，怎样让到达的目的地更美好？

在名师眼中，作为一名学生，在三个学段中，各自最主要的任务是哪些？各自的难点是什么？互相衔接的时候，主要是哪些方面的衔接和过渡？

我们按照小学—初中—高中这样的顺序进行发言。硕文先请——

硕文：小学生的主要任务，就是在成长过程中与父母、亲友、同伴、老师、社会环境之间不断互动，由此产生认知、行为、情绪、态度等方面的连续性变化与递进式发展。整个小学阶段，学生的社会化发展面临着三个最佳时期。我们会通过三大主题为他们的身心发展打下基础。在小学低年级培养良好习惯，在小学中年级学会人际交往，在小学高年级"形塑"健康自我。培养良好习惯的前提是建立规则意识。小学生人际交往引导的重点是"学会和同性别同伴交往"，形成在交往中理解他人的想法与感受的能力。到了小学高年级，能否"形塑"一个健康自我，主要取决于能否缩小"理想我"与"现实我"之间的差距。

小学阶段还有个特别重要的目标，就是保持学生的学习热情。学生有了学习热情就会保持一颗旺盛的进取心。如何在长达 6 年的学习生活里始终保持学习热情，这是我们教育工作者遇到的难题，也是我们一直在探索的课题。

陈爸：初中生的任务主要包括以下几个方面：

1. 养成积极锻炼的习惯。合理的饮食、充足的睡眠和适量的运动，是成长必不可少的条件。青春期是孩子的第二个生长高峰期，积极的锻炼有益于身心健康。

2. 掌握基础学科知识。语文、数学、英语、科学、社会等学科的基础知识是七年级学生必须掌握的。学生需要认真学习这些科目，并在必要时寻求帮助。

3. 培养良好的学习习惯。学生需要培养良好的学习习惯，例如做笔记、阅读、整理学习材料等。这将有助于提高他们的学习效率和学习成绩。

4. 学会管理时间。学生需要学会如何规划自己的时间，制订学习计划，并保持学习的连续性和稳定性。这将有助于他们在未来的学习中更好地管理时间。

5. 培养学习兴趣。学生需要发展对学习的兴趣，并尝试探索新的知识领域。这有助于激发他们的好奇心和求知欲，培养终身学习的习惯。

6. 建立良好的人际关系。学生需要与同学和老师建立良好的人际关系，尊重他人，团结协作，从而在学习中取得更好的成绩。

互相衔接的时候，主要是哪些方面的衔接和过渡？

学生层面：

1. 学习方式的转变。小学教育注重基础知识的掌握和记忆，而初中教育更加注重思维的培养和提高，需要学生进行更为深入的分析和独立思考，因此需要适应新的学习方式。在学习方式转变上，努力让自己成为一个敢于提问、善于提问的孩子。学问学问，"学"离不开"问"，"问"离不开"学"。"非学无以致疑，非问无以广识"，提出一个问题，往往比解决一个问题更重要。

2. 自我管理的能力。初中生活与小学不同，开始独立完成自己的事情，如安排作业、处理日常事务等，需要提高自我管理的能力。

家长层面：

> 1. 小学阶段引导孩子逐步养成今日事今日毕的习惯，使每天的生活和学习有计划、有条理。
> 2. 在升入初中后，避免走入两个极端误区，分别是"直升机父母"和"甩手掌柜"。

"直升机父母"：手牵得太紧——就像直升机一样盘旋在孩子的上空，时时刻刻监控孩子的一举一动。升入初中，过分紧张，过分牵挂孩子动态，担心孩子在学校有各种不适应的情况。其实很多时候，不是孩子不适应，而是家长不适应。

"甩手掌柜"：手放得太快——认为把孩子送到学校了，老师、学校就应该负责到底，所有的事情都应该由学校解决。孩子管了6年，到了初中，总算长大了，所有一切都交给学校和社会。

建议：放手不松手。

父母需要适时地给予孩子独立自主的空间和机会，不要着急替孩子做决定。让孩子有独立思考、自我决策和实践以及试错的机会，从而培养他们的自主性和责任感。同时也要保持适当的监督和引导，原则性问题坚守底线，确保孩子的行为符合家庭和社会的规范和要求。

郑爸：我们都知道，高中阶段不可回避的主要任务就是紧抓学习成绩。具体点说，比如我们在高一面对九门课的时候，该如何分配时间和精力；当我们面临高二选科的时候，该如何对待自己对于未来的迷茫和向往；当我们面临各种考试成绩的起伏的时候，该如何平复那种兴奋与沮丧的心情；当我们面临高考的时候，如何疏解那种紧张期待及焦虑的心理；当我们面临志愿填报的时候，该如何正确抉择与充分实现自我认识。

我们作为班主任，就是这群孩子身边的陪伴者、倾听者、引路人。我们不会代替他们做决定，但会告诉他们怎么做更好。我们也不求回报，只希望孩子将来能有更好的明天。因此，除了关注孩子的学习成绩，我们更多地关注孩子的身心健康、理想信念以及每个人自己的生涯规划。

难点在于高中阶段，随着孩子身心的迅速成长成熟，他的心理会渐渐独立，认为自己已经可以做出足够正确的决定，但事实并不是如此，因此会产生相对鲜明的性格特征，对于父母及老师的建议，也不会像小时候一样言听计从，会进行质疑和反驳，甚至在行为上产生叛逆。

衔接上，主要是对于孩子行为习惯的更高要求、理想目标的确立以及对职业生涯的规划，需要让孩子有更多学习的主动性和内驱力，同时充满正能量。

爱君：说到过渡，我们就会想到"前人种树，后人乘凉"的古话，或者说，后道工序会希望前道工序能夯实哪些基础？——我指学生们在学习成绩、日常习惯、目标理想这三个方面。

硕文：不久前，我跟六年级学生探讨了几个话题——

1. 你认为可能影响自己人生的重要的习惯是什么？（坚持运动、阅读、自律、静心看待问题、有规律地生活作息……）

2. 人最重要的素质是什么？（诚信、善良、对人有礼貌……）

3. 你的理想（梦想）是什么？

从来没有改变过，我会一直往那个方向前进的！（少数同学的回答）

一年级到六年级，理想在变。（多数同学表示有变化）

4. 对你影响最大的人是谁？（父母、祖辈、老师、同学……）

5. 今后想读的学校？（知名的中学、优秀的高中和向往的大学）

我们从学生今后想读的学校就能发现，他们都期待着不断突破自我，最终踏进向往的大学校门。而小学这六年，学生的学习成绩会不断拉开差距。小学属于基础教育，同样的师资同样的学习环境，为何六年的变化会如此之大？每当初一学生回母校看我时，我都会问他们一个问题：中学的学习节奏，你适应了吗？你觉得小学里什么最重要？学生的回答基本都是学习习惯，或者跟学习习惯相关的专注力、阅读习惯、深度思考等。

我在和学生探讨理想时，出现了理想"变化"和"不变"这两个有趣的现象："变化"的同学，是在不断地发现自我、调整自我、完善自我；"不变"的同学，属于目标坚定、方向明确，对自己充满自信。

还有的学生理想处于茫然状态。这类学生的家长只关注孩子的学习成绩，每天跟孩子聊的除了学习就是学习，对孩子遇到的每一件事情缺少积极的关心。在这样的家庭氛围影响下，孩子成绩优秀时理想很远大，成绩退步时就改变了自己的理想，遇到各种困难无法解决时就会出现茫然状态。

陈爸：我认为学生需要注意以下几方面的问题。

1. 关于学习成绩

（1）良好的学习习惯：课前预习，课中认真听课、学会记笔记，课后独立完成作业。

（2）合理规划时间：初中生应该合理规划时间，根据任务的难易程度和紧急程度，合理安排学习和休息时间。学生需要学会如何规划自己的时间，制订学习计划，并保持学习的连续性和稳定性。

（3）学会提问：有效的提问比"闷头思考"更重要，有效的提问能够直击问题的本质。

2. 关于日常习惯

（1）均衡饮食，适当运动：保持均衡的饮食，多吃蔬菜、水果和粗粮，少吃油炸食品、零食等高热量食物，以保证身体健康；有一定的体育爱好，进行体育锻炼，如慢跑、游泳、打篮球等，以增强体质和锻炼身体。

（2）学会爱与表达：现在的学生缺的不是物质上的，缺的不是被爱，而是爱。要学会爱自己、爱他人、爱生活，正确地表达情绪、情感。

3. 关于目标理想

（1）培养多元化的兴趣爱好：小学生应该培养多元化的兴趣爱好，如音乐、绘画、体育等，以丰富自己的生活和提高个人素质。

（2）建立正确的人生观和价值观：小学生应该在家庭和学校的培养下，建立正确的人生观和价值观，以塑造积极向上的人格和精神。

（3）提高综合素质：小学生应该注重综合素质的培养，如语言表达能力、人际交往能力、团队合作能力、创新思维能力等，为初中阶段的学习和生活奠定基础。

（4）培养独立生活能力：小学生可以在家庭和学校的培养下，逐步培养独立生活能力，如自理能力、时间管理能力、财务管理能力等，为初中阶段的生活做好准备。

郑爸：优异的学习成绩是考上好大学的前提，因此，需要让孩子足够重视自己的成绩，更要让他们学会分析每一次的考试和成绩。从考试中找出自己的薄弱科目和知识点，甚至是自己在心理素质、应试技巧、状态调整等各方面的弱点；在考试之后，要有针对性地进一步强化和补弱，无论是知识点上，还是心理素质上。换句话说，要让每一次的学习成绩超越数字本身的意义，同时要对后续的学习甚至是将来面临的工作，产生积极的影响。

我们嘉兴一中实验学校的孩子们一直保持着良好的行为习惯。比如，从高一到现在，一直保持着"人走桌面净"的传统，即无论是体育课还是放学，只要人不在教室，桌面都是干干净净的。另外，我们也倡导地面只有"三只脚"，那就是人的脚、桌子脚和凳子脚，不放其余任何的杂物。我们相信，只要这些微小的行为习惯都能养成，就一定能影响整个人的行为习惯，甚至提升精神面貌与素养。

关于目标信仰，我们每周都会有一节固定的生涯课。虽然它跟传统的班会课大同小异，但更强调对孩子生涯规划的重视。因为我的班级文化倡导的是"郑能量"，所以我会以"郑能量"为主题，为他们召开一系列的生涯课，比如感恩父母、模拟高考志愿填报、我理想中的大学等等。孩子们很喜欢这样的生涯课。

同时，我们每个孩子都有自己的结对老师，时刻陪伴着孩子成长，为其答疑解惑，共同面对学习上与生活上的困境。这也是我们学校一直以来坚持做的事情。

爱君：前面聊的话题，我们都是从学生角度来看的，那我们现在从教师角度看，你们各自会为自己所任教的学生未来的发展，做出怎样的引导和规划？

硕文：为了提升学生的心理素质，让学生学会学习和健康生活，我的心理课堂主要有六大板块：社会适应、学习心理、情绪管理、人际交往、自我意识、生涯规划。

其中，小学的生涯规划拓展课基本是"智慧爸爸团"开发的。"智慧爸爸6＋X成长营"中有各行各业的爸爸，他们设计体验研学活动，带领孩子们走进嘉兴学院生物研究室、嘉兴日报社、嘉兴消防支队、五芳斋粽子生产基地、平湖燃气公司……让孩子们在职业体验中发现职业特点，培养职业理想，了解专业技能，增强其社会适应性。

在辅导学生的过程中，我常常从"梦想"这个角度切入。

我曾经教过一个名叫小翔的学生，他对体育充满热情。进入校田径队后，他每天都期待着在田径场上训练。当他凭借出色的成绩赢得区里的奖牌时，更是将所有的精力和时间都投入到了体育中，忽略了学业。

一天，我与他谈论理想和目标，他坚定地表示将来要成为国家运动员，参加亚运会和奥运会，为国家赢得荣誉。我帮助他进一步分析了如何才能进入国家队。小翔开始意识到竞争的残酷性，明白自己只是在所在地区有优势，于是降低了期望值。

在这个过程中，我引导他考虑从事与体育相关的职业，比如成为一名体育老师或体育教练。他认为这是一个可行的选择，我们就一起制订了一份"倒算梦想计划"——

第9年：考入理想的大学（师范大学体育系）

第8年：为梦想做最后冲刺（高三）

第7年：合理选择课程（高二）

第6年：适应高中学习节奏（高一）

第5年：中考考进高中（初三）

第4年：保持学习成绩不下滑（初二）

第3年：适应初中学习节奏（初一）

明年：成绩跟上大部队（六年级）

现在：合理安排学习与锻炼的时间，提升学习成绩（五年级）

在明确了自己的梦想和路径后，小翔对待学习和训练的态度有了显著的改变。他更加专注于自己的目标，并付诸行动去实现它们。小翔的转变表明了规划和计划的力量。现在他正全力备战高考，我相信他一定能够实现自己的人生梦想。

我们作为教育者，应该帮助学生看到自己的梦想，并引导他们如何去实现它。通过制定具体的规划和行动步骤，我们可以让学生意识到实现梦想需要付出努力、耐心和时间。同时，我们也要鼓励学生平衡学习和兴趣爱好的发展，以实现全面的人生发展。

陈爸：谈到未来与理想，初中生进入了一个特殊的阶段，没有小学生的多彩，也没有高中生的务实，很多初中生的理想进入了一个"雪藏"时期。我们可以做以下几方面的工作：

学校运用现有的资源平台，激励学生发现自己的兴趣爱好，探索自己的激情和热情，开展相关的探究活动。

帮助学生了解自己的优势和弱点，发现自己的潜力和局限，以此为基础，选择适合自己的学科和职业方向。

提供支持和指导，帮助学生制订计划，并提供资源和工具，帮助他们实现自己的目标。

鼓励学生积极参与社会活动，培养领导力和团队合作能力。

培养学生的自信心和自我管理能力，让他们学会如何处理挫折和失败，以及如何建立健康的生活方式。

郑爸：我认为有三个问题非常重要，对孩子们的未来发展有着深远的影响。

第一，一定要充满正能量。

因为只有充满正能量，才会爱自己、爱父母、爱他人。懂得爱的人，一定是有理想的人。

第二，要了解自己所有的特长。

比如与人打交道的，与物打交道的，与数据、信息打交道的。

1. 小的时候，是什么让你感到自己十分重要？感到备受重视？感到开心喜悦、有成就感？那个时候你在做什么活动？

2. 在你六七岁的时候，什么事情对你最有吸引力？做什么事情你最专注，让你可以忘记吃饭和睡觉，或是不知疲倦或是毫无畏惧？

3. 小的时候，你最热衷的是什么？你的兴趣在哪里？你遇到哪些事情时会使你感觉自己很棒很开心？在哪些方面，你表现得最优秀、最杰出呢？

4. 小的时候你最擅长什么？你在哪些方面常常得到赞赏？你最向往的时刻是什么情景？你期盼什么事情发生？什么事情是你非常愿意去做，是你愿意为它付出代价的呢？

第三，要了解自己的需求。

1. 是选择自己喜欢的城市居住，还是选择有发展潜力的城市居住呢？这个城市是否会让你开心？

2. 你的工作时间，是要自己控制，还是由老板安排？

3. 你是愿意不断地接受新的挑战，收入凭自己的努力而增长，还是拿一份固定的工资，不喜欢变化？

4. 你想通过工作帮助哪些人？帮助他们做些什么事情？对社会有什么样的贡献？

5. 你是否渴望一份充满活力、充满爱心的事业？

6. 你是否需要一个不断成长的空间，借以累积成功的经验？你是否需要一个可以不断拓展自己能力的舞台？

7. 你是否需要一个洁净、舒适的工作环境？

8. 你是否需要一份稳定的工作，还是不稳定的、经常出差的工作？

我有一节生涯课，向孩子们介绍了各层次大学比较热门的专业以及当时的录取分数，然后根据他们自己平时的考试成绩，进行模拟填报。孩子们都非常严肃认真地看待这件事情，在周末的时候还回去跟家长进行讨论，思考什么样的大学和专业适合自己。填完以后，我帮他们保存好；在半个学期后，再还给他们，同时进行进一步的调整，不断地让他们探索自己的生涯规划。整个过程，我觉得非常有意义。

贴心建议 ◀

爱君：人生是孩子自己的，很多孩子会说"不要设计我的人生"，其实那是年少轻狂。因为父母老师并不是要包办或强行设计你的人生，而是帮你理清思路，找到自己，发现梦想，以及实现梦想的路径。

辛苦硕文和两位智慧爸爸，针对自己所任教阶段的学生和家长，提出建议。

硕文：我有以下几点建议。

第一，理念转变，要由"生长变成长"。

现在，很多家长在孩子小学阶段的关注重点，从之前的以学习为中心逐步转移到身心健康。这部分家长对自己孩子的教育理念和成长需求，追求的是在"呵护天性"和"护航成长"中的平衡。

有些家长过度"呵护天性"，甚至推崇西方教育，觉得释放孩子的天性，让孩子自由生长很重要。结果我就遇到了不愿遵守规则、不肯吃苦、学习动力不足的孩子，遇到了"崇洋媚外"批判中国教育的孩子。

还有些家长没有掌握好"护航成长"的度，过度保护。结果孩子到了高年级自我意识觉醒时，就会发现自己的沟通能力、遇事解决能力等比较弱，跟班级同龄的孩子差距越大就会越自卑，甚至开始否定自己。

所以，自由成长不能等同于自由生长，真正的成长还是需要科学的引导。

第二，成长规划，要由"完美变完善"。

现在已进入数字时代，社会和环境有太多和太快的变化。我们需要做规划，但是规划绝对不能太细化，就像为到达目的地，先预设一条"完美"的路径，结果会发现，走着走着就变样了。我觉得是需要一边前进一边做调整完善，始终保持灵活的心态，并且要接受前进与改变并行的现实。这样会让你的目标更容易实现一些。

第三，职业兴趣，要由"被动变主动"。

我们不能让孩子被动接受我们主观上的目标理想、职业观。失去自我认知的被动，不可能让他们感兴趣。培养孩子的自主意识，我们可以让孩子从小学开始，定期写下 10 个重要的组织、关系，5 个感兴趣的职业，并以 100 分制，对人际关系的重要性打分表示。不要对孩子的"规划"有太多干预。当孩子写出感兴趣的职业后，我们可以据此与孩子一起讨论这项职业。比如，有些孩子的职业理想是成为宇航员、工程师、教师，我们就可以引导孩子深入了解这些职业，思考自己目前需要夯实哪些能力。当孩子把未来的职业兴趣转化到具体课程上，就会有主动学习的积极性。

实际上，那些学习足够主动的学生，并不需要别人太多的建议，他们可能更需要理解、支持。遇到难题时，他们从你这里想要的只是能给他们带来的某些启示。

陈爸：我提两点建议。

1. 帮助孩子树立更好的"三观"

什么是更好的"三观"？以下面的故事为例。

一个小孩看到路边的乞丐很可怜，他对爸爸说："那个乞丐好可怜。"爸爸说："你不好好学习，将来就会像他一样。"而另一个爸爸这样回答："你要好好学习，将来长大了，才有能力帮助像他这样的人。"

如何帮助？——身教言传。

孩子是父母的延续。父母的"三观"，直接决定了孩子的"三观"，通常能以身作则的家长，孩子的"三观"都不会太差。

2. 互相尊重

父母要尊重孩子，尊重他的个性。

每个孩子都是原创的，是独一无二的，不是别人家的孩子，也不是复制品。"苔花如米小，也学牡丹开"，不开花其实也不要紧。不可能人人都是英雄，你也可以是坐在路边鼓掌的那个人——当然这个鼓掌不能是敷衍的，而应该是真诚的、负责任的——对他人真诚，对自己负责。

孩子也要尊重父母，但不迷信父母。

子曰："父母在，不远游，游必有方。"父母在世，可以不出远门；但是如果要出门，必须告知父母自己要去什么地方。对于学业学习、兴趣爱好，无论是"远游"还是"近游"，一定要"游"，有自己独立的思考与行动，但"游必有方"——需要告知父母自己要去的方向。

郑爸：我的建议是——

1. 给孩子安全感

家长在关注孩子成绩的同时，一定要关注孩子的想法，给予孩子充分的安全感。让孩子感觉父母是站在自己这一方，而不是对立面。某种意义上说，思想上的进步和品格上的完善比成绩的进步更有意义。

2. 适度焦虑

我认为，作为家长，需要适当地给孩子传递焦虑，表达对孩子成绩的关注，引起孩子对成绩的重视。家长不管不顾，孩子也会无所谓。但又不能过度焦虑。这个度需要父母和孩子一起调节，互相协调，最终达到一个平衡。

3. 和孩子一起找寻梦想

家长已经在社会上经历了很多，有着丰富的人生经验，有必要用自己或他人的故事，去告诉孩子社会的需求、当今的热点、走过的弯路。

引导孩子逐步找寻自己的目标和理想，虽然不一定能找准，但寻找的过程是充满意义的。

4.学会倾听，用心陪伴

高考之后，大部分孩子都会离开父母，奔向远方，奔向梦想。因此，好好珍惜现在与孩子在一起的每时每刻吧！

爱君：感谢硕文，感谢陈爸和郑爸，帮爸爸妈妈和孩子们理清了"求学旅程"的路线图和任务书。相信孩子们也明确了自己当下的"工作重心"。祝愿孩子们都能准确把握当下，科学耕耘，及时盘点，顺利"换乘"，让自己的人生蓝图变成美好现实！

坚持点亮成功
快乐拥抱未来

整理好《跟着爸爸去发现——智慧爸爸的 12 堂亲子课》这本书，我的第一感觉：5 年来不忘初心，用坚持点亮了成功。这本书融入了我和"智慧爸爸团"多年来的实践和感悟，也有我们对家庭教育未来发展的探索思考。希望这本书，能够帮助更多的家庭，以智慧的方式，更好地应对现代家庭教育中的挑战和问题。

一

1998 年，我在嘉兴市实验小学任教，无论是担任班主任，还是做心理专职教师，都辅导了许多家长眼中的"问题孩子"。事实上，孩子成长的问题，折射出家庭教育的错位与缺失。而父亲和母亲双方作为最重要的家庭教育角色，都要具有良好的教育意识、责任感，甚至需要专业的指导支持。

2018 年父亲节前夕，一位小男孩向我吐槽："我爸打我的工具有棍子、鞋底、鸡毛掸子、皮带、凳子，有时还会把我踹出门外。

我很不服气，因为我根本没犯多大的错误……"这让我萌生了一个想法：怎样让爸爸听到孩子的心声，看见孩子，读懂孩子？随后，我以"爸爸的陪伴"为主题，在四到六年级学生中做了抽样调查。此次共调查了1000多名学生，设置了12个问题。其中"爸爸每天陪伴我的时间"："基本不陪"和"少于0.5～1小时"共占了44%；平时联系老师次数："爸爸多"占9.8%，"爸爸从不联系"占30%；"平时聊天最多的"："爸爸多"占22%，"妈妈多"占42%；"学习辅导谁为主"："妈妈为主"占40%，"爸爸为主"占11%；"最不喜欢爸爸做什么"："抽烟、喝酒、发脾气"共占85%。从统计数据可以看到，父亲在陪伴孩子时间、家校联系、谈心辅导等方面，比妈妈少得多。父亲在孩子教育中的"缺位"或偏差现象明显，这种现状对孩子的长远发展不利，也在很大程度上加重了母亲的负担，加剧了家庭矛盾的产生。

"智慧爸爸"课堂因此而诞生了。在我看来，这是一种全新的家庭教育模式的探索。我带领学校"快乐心"家庭教育辅导队，针对家庭父教角色缺位、教育理念意识缺乏、方式方法存在的不足，围绕"爸爸的力量""爸爸的智慧""爸爸的行动"三个阶段主题，组织系列亲子心理辅导活动。

目前，我们已成功举办了五届"智慧爸爸"线上＋线下课堂，深受学生、老师、家长的好评，同时也得到各级媒体的积极关注，社会影响力不断提高。"智慧爸爸"课堂获浙江省"十四五"家庭教育研究课题首批立项，被评为浙江省"双减"优秀实践案例，相关成果在国家级杂志上发表。我们"快乐心"家庭教育辅导队获评"浙江省巾帼文明岗""浙江省教育系统最美志愿服务组织"等诸多荣誉。

二

2022 年 1 月，《中华人民共和国家庭教育促进法》落地实施，家庭教育上升到了"国事"。我与《南湖晚报》教育记者沈爱君都是多年从事教育或相关工作的。作为一线教师和教育领域资深记者，如何应对家庭教育新变化、新导向，这是我们俩常常从白天到深夜的"热聊"话题。

从 2022 年 1 月到 2023 年 6 月，在嘉兴市实验小学张晓萍校长与《南湖晚报》领导的支持下，我和沈爱君携手，开启了"线上＋线下""直播＋沙龙"的"爸爸课堂"新模式，并邀请爸爸们走进"南湖晚报教育直播室"，通过每月一期"嘉有儿女·智慧爸爸"直播，吸引了全国各地的爸爸们，扩大了课堂的辐射面，也为本书的撰写奠定了基础。

《跟着爸爸去发现——智慧爸爸的 12 堂亲子课》是一本关于爸爸们如何当好家庭教育角色的指南书。全书围绕 3 个篇章，亲子教育的 12 个方面，分享一些家庭教育案例和故事，并对亲子心理、亲子沟通方法等加以分析。这些案例和故事来自真实的家庭生活，旨在帮助爸爸们真正走进孩子内心，与孩子建立良好的沟通和信任关系。让孩子跟着爸爸去发现快乐，收获成长，迎接未来。

三

心理学研究表明：母亲对孩子的影响主要是孩子能否成为一个独立的人，父亲则塑造孩子对生命的看法，关系到孩子人格的形成。家庭教育各自的角色作用确实是无法替代的，作为孩子成长过程中最为重要的人之一，父亲的参与对孩子的教育起着不可估量的作用。相信爸爸们的智慧教育方案，能够培养出更多自信、独立和有责任感的孩子。

这本书是围绕"爸爸"这一教育角色，探讨在"双减"新形势下，爸爸如何科学助力"双减"、如何将心动变行动、如何激发孩子自信、如何带孩子发现"快乐密码"……鼓励孩子努力发现最好的自己，不断提升逆商和财商，培养自尊心和自信心，帮助孩子在学业和生活中取得成功，引导孩子成为阳光、自信、独立、有责任感的人。

此外，书中结合每一期主题，我们提供了一些实用的建议和策略，用以帮助家长们应对家庭教育中的挑战和问题。陪伴、信任、支持和引导，这些是家庭教育中不可或缺的方式方法。陪伴孩子，意味着要有质量的陪伴，多参与孩子成长的关键时刻，这是潜移默化的力量。信任孩子，意味着要相信他们的能力和判断力，与孩子平等相处和沟通，给予他们足够的自由和空间来发展自己的潜力。支持孩子，意味着要营造积极的心理环境，在他们需要的时候给予他们帮助和鼓励，使他们感受到家庭的温暖和支持。引导孩子，意味着要以身作则做好榜样，增强正能量，帮助他们理清思路，找到自己实现梦想的路径，教导他们如何做出明智的选择和决策。我相信这些重要的家庭教育、亲子关系的原则，也是所有成功家庭教育的基础。

四

在这里，要特别感谢 23 位在直播间倾情付出、智慧碰撞的爸爸，他们的参与和贡献使本书的内容更加丰富和有说服力。参与12 期直播的爸爸，是"智慧爸爸团"的一部分成员，也是历届在"智慧爸爸"课堂里积累了良好教育经验的优秀代表。除了他们的积极参与外，还有许多直播室外的家长和孩子，都非常慷慨地与我们分享了他们的经验和故事，使我们能够更深入、更精准地探讨现代家庭教育，对我们写好这本书起到了非常重要的助力。

在本书的编写过程中，我和沈爱君全程通力合作，她以丰富的经验，为本书设计了完整的框架。感谢参与此项栏目报道的《南湖晚报》记者王国伟、陆巍、丁思源、张佳丽、赵颖硕、王蓉和冯玉坤。他们的专业知识和深入报道，为本书的编写提供了重要的支持和帮助。

我们真诚地希望通过这本书，向家长们传达一些有关家庭教育角色的新观念和新思考。家长们可以从中获得新的视角和方法，以更好地理解和引导自己的孩子，帮助他们成为有责任感、独立自主的人。同时，我们也希望这本书不仅能成为家长们教育孩子的得力助手，还能激发家长们对于教育的思考和讨论，共同为孩子们的成长和发展贡献智慧和力量。

沈硕文